LUJI LUMIAN GONGC

▲最新规范
▲全国大学版协优秀畅销书

路基路面工程

主 编　周翔宇　朴志海　杨　勇
副主编　马世雄

重庆大学出版社

内容提要

"路基路面工程"是高等院校土木工程专业道路桥梁方向、交通工程专业道路桥梁方向、道路桥梁与渡河工程专业的必修课。全书共6章,主要内容包括绪论、路基土的特性及设计参数、一般路基设计、路基边坡稳定性设计、路基施工及路面基层等。

本书可作为高等学校土木工程、道路桥梁与渡河工程、市政工程、机场工程等专业的教材,也可供相关工程技术人员参考使用。

图书在版编目(CIP)数据

路基路面工程/周翔宇,朴志海,杨勇主编. -- 重
庆:重庆大学出版社,2019.11
高等学校土木工程本科系列教材
ISBN 978-7-5689-1880-0

Ⅰ.①路… Ⅱ.①周… ②朴… ③杨… Ⅲ.①路基工
程—高等学校—教材 ②路面—道路工程—高等学校—教材
Ⅳ.①U416

中国版本图书馆 CIP 数据核字(2019)第 269187 号

路基路面工程

主 编 周翔宇 朴志海 杨 勇
副主编 马世雄

策划编辑:鲁 黎

责任编辑:李定群　版式设计:鲁 黎
责任校对:关德强　责任印制:张 策

*

重庆大学出版社出版发行
出版人:饶帮华
社址:重庆市沙坪坝区大学城西路 21 号
邮编:401331
电话:(023)88617190　88617185(中小学)
传真:(023)88617186　88617166
网址:http://www.cqup.com.cn
邮箱:fxk@cqup.com.cn(营销中心)
全国新华书店经销
重庆升光电力印务有限公司印刷

*

开本:787mm×1092mm　1/16　印张:10　字数:259 千
2019 年 11 月第 1 版　2019 年 11 月第 1 次印刷
ISBN 978-7-5689-1880-0　定价:38.00 元

前言

　　"路基路面工程"是高等院校土木工程专业道路桥梁方向、交通工程专业道路桥梁方向、道路桥梁与渡河工程专业的必修课。课程涉及内容广泛，涵盖了建筑工程、交通土建工程、桥梁工程及地下工程等，并且这门课程与工程实践联系密切，具有一定的地区特点。

　　本书是根据高等学校路基路面工程教材大纲编写的，力争反映本领域的最新技术成果，汲取国内外成功的经验和成熟的理论与方法，并且以相关最新工程技术标准、规范为依据，叙述路基路面工程中的关键技术，以达到理论与实践相结合的目的。

　　本书共6章，主要内容包括绪论、路基土的特性及设计参数、一般路基设计、路基边坡稳定性设计、路基施工及路面基层。本书图文并茂地详述了专业基本知识、结构构造，着重新技术、新标准、新规范的描述与应用，注重施工技术；在加强基础理论和明确基本概念的同时，努力突出工程性和实践性，力求做到叙述简明、文字凝练。但值得注意的是，讲授本课程除了系统的课堂教学外，还应配合组织实地参观、实物鉴别、课程作业、施工实习等辅助教学环节，以提高学生的感性认识和系统的接受能力。

　　本书由周翔宇、朴志海、杨勇主编，马世雄副主编。在编写过程中，引用了国内外大量有关路基路面工程著作和文献资料，在此表示衷心的感谢。

　　由于编者的理论水平和实践经验有限，书中疏漏和不足之处在所难免，敬请广大读者批评指正。

编　者

2019年3月

目 录

第1章　绪论 ……………………………………………… 1

1.1　道路工程发展概况 ………………………………… 1

1.2　路基路面工程结构的特点 ………………………… 5

1.3　路基路面结构及层位功能 ………………………… 8

1.4　影响路基路面稳定性的因素 ……………………… 11

1.5　公路自然区域划分 ………………………………… 12

1.6　路面的等级与分类 ………………………………… 14

第2章　路基土的特性及设计参数 ……………………… 17

2.1　路基土的分类及工程特性 ………………………… 17

2.2　路基的力学强度特性 ……………………………… 24

2.3　路基水温状况及干湿类型 ………………………… 28

2.4　路基的抗变形能力及材料参数 …………………… 35

第3章　一般路基设计 …………………………………… 45

3.1　路基典型横断面与一般路基设计 ………………… 45

3.2　路基附属设施 ……………………………………… 53

3.3　路基常见病害及防治 ……………………………… 55

第4章　路基边坡稳定性设计 …………………………… 58

4.1　边坡稳定性分析概述 ……………………………… 58

4.2　边坡稳定性分析方法 ……………………………… 61

4.3　边坡稳定性分析工程地质法 ……………………… 72

4.4　浸水路堤稳定性分析 ……………………………… 74

4.5　陡坡路堤的稳定性分析 …………………………… 77

4.6　几种特殊地区的路基设计 ………………………… 79

第5章　路基施工 ………………………………………… 84

5.1　路堤填筑与压实 …………………………………… 84

5.2　路堑开挖 …………………………………………… 94

5.3　石质路基爆破施工 ………………………………… 95

5.4　路基加固处理 ……………………………………… 101

5.5　路基施工新技术 …………………………………… 105

第6章 路面基层 ·································· 109

6.1 填隙碎石与级配碎石基层 ·············· 109

6.2 无机结合料稳定材料基层 ·············· 118

6.3 沥青稳定碎石基层 ······················ 137

6.4 水泥混凝土基层 ························· 139

6.5 其他类型基层 ··························· 146

参考文献 ·································· 153

第1章 绪论

1.1 道路工程发展概况

中国是一个文明古国,道路历史悠久,是世界上最早记录道路建设的国家。道路的名称,我国历代有各种说法。考诸史志,周时已有"道路"之称,秦以后的各朝有的称为"驰道",也有的称为"驿道",元时则称为"大道"。清时由京都至各省会的道路,称为"官路";各省会之间的道路,称为"大路";市区内的街道,称为"马路"。到民国初期,由于汽车和新式筑路法的传入,则称道路为"汽车路",简称"公路"。我国古代道路自上古时期起到清末止,大致可分为3个历史时期。公元前221年前为上古时期,据载从黄帝拓土开疆,统一政治,文化勃兴,发明舟车起,就开始了我国道路交通的新纪元。到唐尧时期,道路已发展到"天下广狭、险易、远近,始有道里",并且已出现管理道路的路政机构以及管理道路的官职:司空官和共工官。到了商代,人们已懂得夯土筑路,并利用石灰稳固土壤。周代时,已有了较完善的道路体系。战国时期,道路的作用显得更加重要。公元前221年至公元960年为中古时期,此时秦代修筑的驰道可与罗马的道路网相媲美。秦始皇统一六国后,立即开始修建以首都咸阳为中心,通向全国的驰道网。而后,汉代在继承了秦代的制度上更加完善,驿站按其大小分为邮、亭、驿、传4类。到了唐代,唐太宗更是下诏书,要保持全国道路畅通无阻,对道路的保养也做了明文规定。公元960年至1911年为近古时期。此期间,宋、元、明3代的道路均在过去的道路建设基础上有所提高,尤其是元代地域辽阔,从大都通往全国有7条主干道,形成了一个宏大的道路网。而后,清代利用原有驿道修建了长约15万km的"邮差路线",在筑路及养路方面也有新的提高,规定得很具体。直到清末,我国上海进口了两辆汽车,我国道路交通才正式进入汽车时代。

1912—1949年为近代道路时期。在政府支持、民间商人大力投入下,我国的公路建设发展迅速。到1949年中华人民共和国成立前,我国公路已有131 912 km,机动车69 122辆。1949年以后,我国公路发展环境优越,公路事业蓬勃发展,并以较快的速度稳步前进。到目前为止,虽然中间的发展过程曲折不平,但我国的道路建设依旧取得了喜人的成绩。

随着现代科技的发展,应用于道路工程的科技也越来越多,所含的科技含量也越来越高。其中主要包含4类:一是道路勘测技术,主要有航空摄影测量技术、全数字化测图和遥感技术等;二是道路 CAD 技术;三是道路检测技术;四是路基路面新技术,包括岩石爆破新技术、筑路机械自动化、路面设计自动化等。这些新技术的应用无疑会使道路工程的发展更加快捷,从而也会为整个人类的发展奠定坚实的基础。

半个多世纪以来,我国广大道路工程科技工作者从我国实际和建设需要出发,引进外国先进技术,刻苦钻研,反复实践,在路基路面工程建设和科学研究中,取得了许多突破性的成就。

1.1.1　公路自然划分

我国幅员辽阔,各地自然条件和道路的特点相差很大。为此,将自然条件大致相近者划分为区,在同一区划内从事公路规划、设计、施工、管理时,有许多共性因素可以相互参照。我国现行的《公路自然区划标准》(JTJ 003—1986)分三级区划:一级区划是根据地理、地貌、气候、土质等因素将我国划分为 7 个大区;二级区划以气候和地形为主导因素;三级区划以行政区域作为界限。

1.1.2　土的工程分类

土是填筑公路路基的主要材料,由于天然成因的差异,不同的路基土表现出截然不同的工程特性。我国依据土颗粒的组成特性、土的塑性指标(塑限、液限和塑性指标)及土中有机物存在情况,将公路用土按不同的工程特性划分为巨粒土、粗粒土、细粒土及特殊土四大类,并细分为 11 种土。

1.1.3　路基强度与稳定性

路基作为路面结构的基础,应具有足够的强度和稳定性。我国很早就确定了以回弹模量作为评价路基强度和稳定性的力学指标,并形成了成套的室内外试验标准方法和仪器。为了在施工中以物理性质指标控制施工质量,从而保证达到规定的强度指标,广泛开展不同土中的最佳含水率和最大密实度相关关系研究,并且统一以重型击实试验法作为基本控制指标。为了提高路基强度和稳定性,根据不同的类别土的特性,研究了粒料加固、石灰加固、水泥加固、专用固化剂加固等行之有效的技术措施。在多年冻土、膨胀土、沙漠、黄土及盐渍等特殊地区,通过研究采用各种有效技术修建公路路基取得了十分宝贵的经验。

1.1.4　高路堤修筑技术与支挡结构

为了提高高路堤路基的稳定性,研究提出的技术措施包括减轻路堤自重,采用粉煤灰或轻质塑料块修筑路基,修筑轻型路基支挡结构,特别是加筋土挡墙的研究和工程建设在我国取得了许多成果,如条带加筋、网络加筋和土工织物加筋等。

1.1.5　软土路基稳定技术

在软土地基上修筑路基路面,天然地面的自然平衡状态发生改变,在很长时间内路基将处于不平衡状态。为此,广泛研究了软土的调查与判别方法,改变软土性质的技术措施,如砂井或塑料板排水固结法、沙垫层排水加载预压法、无机结合料深层加固法等。在力学分析方面,通过现场跟踪观测、研究,建立预测分析模型,预估与控制软土地基加固后的工后沉降,从而提高道路的稳定性。

1.1.6 岩石路基爆破技术

利用爆破技术开山筑路在我国有悠久的历史。近几十年,我国在山区筑路工程中有新的发展,创造了系统的大爆破技术,每次总装炸药量多达数十吨,一次爆破可清除岩石 10 万 m^3。大爆破以现代爆破理论为基础,事先进行周密的勘察和调查,经过精心设计的大爆破,不仅能降低造价,缩短工期,而且能使爆破后形成的坡面状况十分接近路基横断面的设计要求。

1.1.7 沥青路面结构

20 世纪 60 年代初,随着我国石油资源的大规模开采,拉开了用国产沥青筑路的序幕。早期的沥青路面主要是铺设在现有中级路面上的薄层表面处治层,以改善其行车条件。20 世纪 70 年代末,逐步形成了以贯入式路面为主的沥青路面承载结构。20 世纪 80 年代末,开始兴建高速公路,沥青路面作为一种主要形式,大量采用总厚度超过 70 cm 的重型沥青路面结构。通过长期的科学研究,形成了适合我国实际的沥青路面整套技术,包括沥青原材料的生产工艺、装备,沥青材料的技术指标与标准、试验设备及方法,沥青混合料的技术指标与标准,沥青改性与沥青混合料设计技术,沥青混合料检测设备及方法,以及沥青路面现代化施工整套设备、施工技术与施工管理等。

1.1.8 水泥混凝土路面结构

20 世纪 70 年代中期,交通运输发展加快,部分干线公路、城市道路及厂矿道路为提高承载能力,相继采用了水泥混凝土路面结构。随后,针对水泥混凝土路面各方面存在的问题,开展了系统而具有相当规模的科学研究,从而在我国形成了关于水泥混凝土路面结构的整套技术,包括:道路水泥的性能、指标、标准以及生产工艺;水泥混凝土路面基层的作用,水泥混凝土路面结构性能与设计方法,接缝构造、工作原理以及接缝设计方法;水泥混凝土路面大规模现代化施工和滑模摊铺施工成套装备及施工方法、施工组织管理等。

1.1.9 柔性路面设计原理与方法

半个多世纪来,我国道路科技工作者通过广泛的调查研究和理论实践,形成了符合我国实际的柔性路面设计原理与方法体系。它汲取了世界上各种流派的学术思想以及各个国家设计方法的优点,在力学基础方面,建立了弹性力学多层结构承受多个圆形荷载的分析系统及相应的计算机程序,提出能控制路基结构主要性能的设计指标体系,形成了符合我国当前交通状况的荷载模式及交通分析方法,制订了完整的设计参数指标、标准、测试仪器与方法,建立了切实可行的设计计算方法系统。近年来,在路面功能设计、可靠度设计等方面的研究取得了明显的进步,并将不断地充实到现有的系统中。

1.1.10 刚性路面设计原理与方法

20 世纪 70 年代起,我国道路科技工作者对刚性路面设计进行了较系统而具有相当规模的研究。在力学基础理论方面,运用了解析法以有限元建立弹性力学层状结构,弹性地基板体模型,形成了整套的分析计算方法与计算机程序;建立了以弹性力学为基础,以混凝土弯拉应力为设计控制指标,综合考虑荷载应力与温度应力的作用并应用可靠度分析设计体系方法;研究并建立了地基承载力、疲劳效应、动力效应等一整套设计参数的取值预计量测方法;对钢纤维混凝土路面、连续配筋混凝土路面、碾压混凝土路面及复合结构混凝土路面等新型路面结构系统进行研究,取得了一批实用性研究成果。

1.1.11　半刚性路面结构

利用石灰、水泥和工业废料等无机结合料修筑的半刚性路面始于 20 世纪 60 年代初。多年来,对半刚性路面的强度发展规律、强度机制和路用性能等进行了广泛的研究。这种路面结构具有很多优势,现已广泛用于高等级公路与城市道路,成为一种主要的结构形式。目前,对它的长期使用性能和变形规律等问题正进行深入的观察与研究。此外,对面层结构的半刚性技术途径也正在研究中。

1.1.12　路面使用性与表面特征

路面的平整度、破损程度、承载能力及抗滑性能是路面使用性能的重要方面。目前,我国已针对该方面性能对行车的影响,与路面结构设计、材料、施工的关系,量测手段与量测方法,评定的指标与标准,以及在车辆的反复作用下性能的衰减与恢复等开展了广泛的研究,有的已成功应用于工程中。

1.1.13　路面养护与管理

将系统工程的理论与方法应用于协调路面养护,形成路面管理系统,是 20 世纪 80 年代的新动向。30 多年来,我国在路面性能的非破损快速跟踪检测,路面性能预估模型建立,路面管理网络系统的建立,以及网级优化管理决策等方面取得了系列研究成果。

综上所述,路基路面工程结构作为一门工程科学分支,在我国,随着交通运输的发展,正在以较快的速度接近国外同类学科的前沿。21 世纪,交通运输不论是在中国,还是在其他发达国家,仍然是一个重要的科技领域。我国道路科技工作者从实际出发,不断汲取交叉学科的新成就以及世界各国的成功经验,全面推动路基路面工程学科发展,为我国交通运输发展作出贡献。根据当前路基路面工程科学技术的发展趋势,应特别重视以下方面科学的交叉与发展:

(1)材料科学

回顾历史,路基路面工程每一项新技术的出现,首先是在材料方面有所突破,如路基土壤的改良与稳定性路基的技术措施,沥青材料、水泥材料的改性研究,以及路用塑料等都与材料学科有关。材料的微观结构研究、复合材料研究的许多成果也正被引入路基路面工程。

(2)岩土工程学

路基路面作为地基结构物,依托天然地表的岩石与土壤构建而成。因此,路基路面工程在诸多方面借鉴岩土工程学的科技成果,如土力学、岩石力学、地质学、土质学及水文地质学等都是路基路面工程科学的重要基础理论。

(3)结构分析理论

路基路面设计由以经验为主的方法演变成以结构分析理论为主的方法是一次飞跃。因结构的复杂性以及车辆荷载与环境因素变化的复杂性,目前多数国家的设计方法所依据的静力线弹性力学分析理论不能完全满足要求,许多学者仍致力于路基路面结构分析的力学基础研究,如动力荷载与结构动力效应,非线性、黏弹性等数学及力学模型的建立,以及适用于各种要求、各种边界条件的数学分析方法和数值解法。随着研究的深入与发展,今后有可能将宏观结构分析与材料组成、材料的特性以及材料的微观结构与微观力学相融为一体,成为路基路面工程设计的重要基础。

(4)机电工程

现代化道路与机场路基路面工程的固有性能及品质越来越多地依赖于施工装备的性能与施工工艺,如振动压路机的吨位、频率与振幅对各种结构层产生的效果截然不同。许多专用施工设备就是根据结构强度形成的理论和工艺要求专门进行设计的。因此,有些国家在研究的一项路面工程性技术时,施工工艺与施工装备也列入研究计划,作同步开发研究。

(5)自动控制与量测检测技术

为确保路基路面的工程质量和良好的使用品质,必须在施工过程中严格控制各项指标,如材料用量、加热温度、碾压吨位、碾压质量,以及竣工和开放运行后在使用过程中也需要长期作跟踪监测。所有这些控制与测量都在逐步采用高新技术,如配料自动控制、平整度自动控制等,并已达到较高的精确度;在测量技术方面,利用高速摄影、激光装置、红外线装置等测量材料和构造物的各项质量指标及性能指标等。

(6)现代管理科学

从现代管理科学的角度来看,路基路面工程在一个区域内属于一个大系统。同时,从规划、设计、施工、养护、维修及管理全过程来看,延续数十年之久,通过大型的管理系统,对区域范围内路基路面工程各个阶段的信息进行跟踪、采集、存储、处理,定期作评估和预测。必要时,提出维修决策,投放资金进行维修养护,使路基路面始终具有良好的使用性能,这是现代化管理的总概念。许多国家已在这方面取得了实质性的进展,并用于工程实践。这对节约维修养护投资、提高运输效率具有重要的作用。

1.2 路基路面工程结构的特点

路基路面是道路的主要工程结构物。路基是在天然地表面按照道路的设计线形(位置)和设计横断面(几何尺寸)的要求开挖或填筑而成的带状结构物。路面是在路基顶面的行车部分用各种混合料铺筑而成的层状结构物。路基是路面结构的基础,坚固而又稳定的路基为路面结构长期承受车辆荷载提供了重要的保证,而路面结构的存在又保护了路基,使之避免直接经受车辆和大气的破坏作用,长期处于稳定状态。路基和路面相辅相成,实际上是不可分离的整体,应综合考虑它们的工程特点,综合解决两者的强度、稳定性等工程技术问题。

路基和路面是道路工程的主要组成部分,工程数量十分可观。以平原微丘区的三级公路为例,每千米土石方数量为 8 000 ~ 16 000 m^3,而山岭、重丘区的三级公路每千米土石方数量可达 20 000 ~ 60 000 m^3,对高速公路,土石方数量更大。路面结构在道路造价中所占比例很大,一般都要达到30%。因此,精心设计、精心施工,使路基路面能长时期具备良好的使用性能,对节约投资、提高运输效益具有十分重要的意义。

路基路面是一项线形工程,有的道路延续数百千米,甚至上千千米。道路沿线地形起伏,地质、地貌、气象特征变化无常,再加上沿线城镇经济发达程度与交通繁忙程度不一,决定了路基路面工程复杂多变的特点。因此,工程技术人员必须掌握广博的知识,善于识别各种变化的环境因素,恰当地进行处理,建造出理想的路基路面工程结构。

现代化道路运输不仅要求道路能全天候通行车辆,而且要求车辆能以一定的速度,安全、舒适、经济地在道路上运行。这就要求路基路面具有良好的使用性能,能提供良好的行驶条件和服务水平。

为了保证道路最大限度地满足车辆运行的要求和延长道路使用寿命,路基路面应满足下述要求。

1.2.1 具有足够的强度和适宜的刚度

车辆在路面上行驶,除要克服各种阻力外,还通过车轮把垂直力和水平力施加给路面,在水平力中又分为纵向和横向两种。此外,对于汽车发动机的机械振动和悬挂系统与车身的相对运动,路面还会受到车辆的振动力和冲击力作用;在车身后,还会产生真空吸力。

在上述各种外力的综合作用下,路面结构内会产生不同大小的压应力、拉应力和剪应力。如果这些应力超过路面结构整体或某一组成部分的强度,则路面会出现断裂、沉陷、波浪及磨损等破坏。这就会影响道路的使用性能,严重时还可能中断交通。因此,路面结构整体及其各组成部分必须具备足够的强度,以抵抗在行车作用下所产生的各种应力,避免破坏。

所谓刚度,是指路面抵抗变形的能力。路面结构整体或某一组成部分刚度不足,即使强度足够,在车轮荷载作用下也会产生过大的变形而产生车辙、沉陷和波浪等破坏;同时,刚度太大,路面材料脆性增大,极限变形能力减小,极易产生断裂破坏。因此,除研究路面结构的应力与强度之间的关系外,还要研究其荷载与变形或应力与应变之间的关系,使整个路面结构及其各组成部分的变形量控制在允许范围内。

1.2.2 具有足够的稳定性

路面结构袒露于大气之中,经常受到温度和水分变化的影响,其力学性能也会随之发生变化,强度和刚度不稳定,路况时好时坏。

大气温度周期性的变化对路面稳定性有很大的影响。例如,沥青路面在夏季高温时会变软而产生车辙和推挤,冬季低温时又可能会收缩、变脆而开裂;水泥混凝土路面在高温时会发生拱胀破坏,温度骤降变化时会翘曲而产生破坏;刚性基层温度越低收缩越大,会产生开裂,并易引起沥青面层产生反射裂缝;北方低温冰冻季节,温度和湿度的综合作用会引起路基路面的冻胀和翻浆。

大气降水使路面结构内部的湿度状态发生变化而影响路面结构的稳定性。水泥混凝土路面因排水不畅产生唧泥、冲刷基层导致结构破坏;由于水分的侵蚀,沥青面层会产生剥落、松散等水损害;砂石路面在雨季时,会因雨水渗入路面结构,使其含水率增大,强度下降,而产生沉降、轮辙或波浪等。

因此,应研究路面结构的温度和湿度状况及其对路面结构性能的影响,以便在此基础上,修筑在当地气候条件下具有足够稳定性的路面结构。

1.2.3 具有足够的耐久性

路面结构要承受行车荷载及冷热、干湿等气候因素的重复作用,由此而产生疲劳破坏和塑性变形累积。此外,路面材料还可能由于老化衰变而导致破坏,这些都将缩短路面的使用年限,增加养护工作量。因此,路面结构必须具备足够的抗疲劳强度,以及抗老化和抗形变累积的能力。

1.2.4 具有足够的表面平整度

不平整的路表面会增大行车阻力,并使车辆产生附加的振动作用,这种振动作用会造成行车颠簸,影响行车的速度和安全、驾驶的平稳和乘客的舒适。同时,振动作用还会对路面施加冲击力,从而加剧路面和汽车机件的损坏和轮胎的磨损,并增大油料的消耗,而且不平整的路面还会积滞雨水,加速路面的破坏。平整的路表面要依靠优良的施工机具、精细的施工工艺、严格的施工质量控制以及经常和及时的养护来保证。同时,路面的平整度还与整个路面结构的强度和抗变形能力有关,强度和抗变形能力差的路面结构,经不起车轮荷载的反复作用,极易出现沉陷、车辙和推挤等破坏,从而形成不平整的路表面。

1.2.5 具有足够的表面抗滑性

路面表面要求平整,但不宜光滑,车辆在光滑的路面上行驶时,车轮与路面之间缺乏足够的附着力或摩擦阻力。雨天高速行车、紧急制动、突然启动或爬坡、转弯时,车轮也易产生空转或打滑,致使行车速度降低,油料消耗增多,甚至引起严重的交通事故。通常用摩擦系数表征抗滑性能。摩擦系数小,则抗滑能力低,容易引起滑溜交通事故。对高速公路,要求路面具有较高的抗滑性能。

1.2.6 具有良好的抗渗透性

透水的路面,水分容易渗入路面结构和路基,这些滞留于路面表层和路面结构内部的水分,在高速行驶车辆荷载的反复作用下,自由水产生很大的动水压力而不断冲刷路面,路面会产生剥落、坑槽、唧浆及网裂等水损害现象。在降水量大的潮湿多雨地区,交通量大、载重车辆多的高等级道路沥青路面,水损害现象更为严重。因此,除透水性路面外,路面应具有良好的抗渗透性,设置密实有效的防水层;同时,为避免路面水损害,应尽量采用水稳定性好的路面结构层,并设置路面结构内部的排水系统。

1.2.7 具有低噪声及低扬尘性

噪声与扬尘对环境造成污染,影响正常的行车秩序,对行车密度大的高等级道路,这是必须予以重视的问题。

行车噪声主要因路面平整度差以及路面面层材料的刚度大而产生。它还与不良的线形设计导致车辆频繁的加速、减速、转向有关。扬尘主要发生在砂石路面,是因车轮后面所产生的真空吸力将面层细集料吸出而引起的。值得注意的是,即使是高等级路面,如不及时清扫路面浮土和灰尘,也同样会导致严重的扬尘。因此,针对行车噪声和扬尘,应从道路工程的设计、施工、养护及管理等方面统筹考虑,才能保证路面具有尽可能小的噪声和尽可能低的扬尘。

1.3 路基路面结构及层位功能

1.3.1 路基横断面

在路基顶面铺筑面层结构,路基横断面沿横断面方向由行车道、中间带、硬路肩及土路肩组成。各部分的宽度与道路等级、设计行车速度等有关。如图 1.1 所示为典型的路基横断面和几种高速公路的路基横断面。

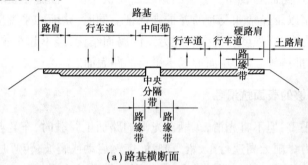

(a)路基横断面

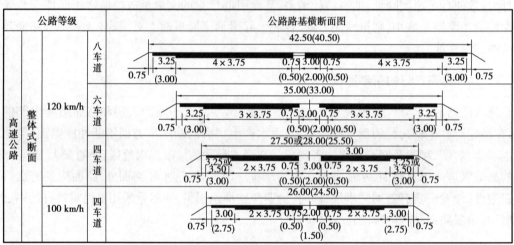

(b)几种高速公路的路基横断面

图 1.1 路基横断面图(单位:m)

填方路基结构 0~30 cm 称为上路床,30~80 cm 称为下路床,80~150 cm 称为上路堤,150 cm 以下称为下路堤。不同的路堤范围对填土有不同的要求。

路面横断面的形式随路堤、等级的不同,可选择不同的形式。通常分为槽式横断面和全铺式横断面,如图 1.2 所示。

(1)槽式横断面

在路基上,按路面行车道及硬路肩设计宽度开挖路槽,保留土路肩,形成浅槽,在槽内铺筑路面。也可采用培槽方法,在路基两侧培槽,或半填半挖的方法培槽。这种路面横断面因路肩部分采用不透水的材料填筑,故进入路面结构的水不易被排出路肩外。槽式横断面形式如图

1.2(a)所示。

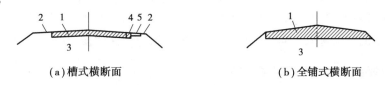

(a)槽式横断面   (b)全铺式横断面

图 1.2 路面横断面形式

1—路面;2—路肩;3—路基;4—路缘石;5—加固路肩

（2）全铺式横断面

在路基全部宽度内都铺筑路面。在高等级公路建设中,有时为了将路面结构内部的水分迅速排出,在全宽范围内铺筑基层材料保证水分由横向排入边沟。有时,考虑道路交通的迅速增长,适应扩建的需要,将硬路肩及土路肩的位置全部按行车道标准铺筑面层。此种断面适用于盛产石料的山区或较窄的路基上,全宽铺筑中级、低级路面。路面横断面形式如图 1.2(b)所示。

1.3.2 路拱横坡度

为了保证路面上雨水及时排出,缓解因雨水对路面的浸润和渗透而减弱路面结构强度,路面表面应做成直线形含水率或抛物线形含水率的路拱。等级高的路面,平整度和水稳定性较好,透水性也小。通常采用直线形含水率路拱和较小的路拱横坡度。等级低的路面,为了有利于迅速排出路表积水,一般采用抛物线形含水率路拱和较大的路拱横坡度。表 1.1 列出了各种不同类型路面的路拱平均横坡度。

表 1.1 路拱坡度

路面类型	路拱坡度/%
沥青混凝土、水泥混凝土	1～2
其他沥青路面	1.5～2.5
半整齐石块	2～3
碎(砾)石等粒料路面	2.5～3.5
低等级路面	3～4

在选择路拱横坡度时,应充分考虑有利于行车平稳和有利于横向排水两方面的要求。在干旱和有积雪、浮冰地区,应采用低值;在多雨地区,应采用高值。当道路纵坡较大或路面较宽,或行车速度较高,或交通量和车辆载重较大,或常有拖挂汽车行驶时,应采用平均横坡度的低值;反之,则采用高值。

高速公路和一级公路设有中央分隔带。通常采用两种方式布置路拱横断面:若分隔带未设置排水设施,则做成中间路面高,两侧路面低,由单向横坡向路肩方向排水;若分隔带设置排水设施,则两侧路面分别单独做成中间高两边低的路拱,向中间排水设施和路肩两个方向排水。

路肩横坡度一般较路面横坡大 1%。但是,高速公路和一级公路的硬路肩采用与路面行车道相同的结构时,应采用与路面行车道相同的路面横坡度。路拱坡度主要是考虑路面排水的要求,路面越粗糙,要求路拱坡度越大。因此,路拱坡度应根据路面类型和当地自然条件来确定,并按规定的数值采用。路拱坡度过大对行车不利,故路拱坡度应限制在一定范围内,具体按表1.1规定的数值选取。同时,路肩横向坡度一般应较路面横向坡度大1%~2%。

1.3.3 路基路面结构分层及层位功能

行车荷载和自然因素对路基路面的影响随深度的增加而逐渐减弱。因此,对路面材料的强度、抗变形能力和稳定性的要求也随深度的增加而逐渐降低。为了适应这一特点,路面结构通常分层铺筑,按照使用要求、受力状况、土基支承条件及自然因素影响程度的不同,分成若干层次。通常按照各个层位功能的不同,路面结构一般分为面层、基层和垫层。

(1)面层

面层是直接同行车和大气接触的表面层次。它承受较大的行车荷载的垂直力、水平力和冲击力的作用,并受到降水的侵蚀和气温变化的影响。因此,同其他层次相比,面层应具备较高的结构强度、抗变形能力,较好的水稳定性和温度稳定性,应耐磨,不透水;其表面还应有良好的抗滑性和平整度。

修筑面层所用的材料主要有水泥混凝土、沥青混凝土、沥青碎(砾)石混合料、沙砾或碎石。

沥青面层有时分两层、三层或更多的层次铺筑,如高速公路沥青面层总厚度在16~30 cm时,可分为上、中、下3层铺筑,并根据各分层的要求采用不同的级配类型。水泥混凝土路面也有分上、下两层铺筑,分别采用不同强度等级的水泥混凝土材料。也有水泥混凝土路面或连续配筋水泥混凝土上加铺4~10 cm沥青混凝土这样的复合式结构。但是,砂石路面上所铺的2~3 cm厚的磨耗层或1 cm厚的保护层,以及厚度不超过1 cm的简易沥青表面,不能作为一个独立的层次,而应看成面层的一部分。

(2)基层

基层主要承受由面层传来的车辆荷载的垂直力,并扩散到下面的垫层和土基中。实际上,基层是路面结构中的承重层,应具有一定的强度和刚度,并具有良好的扩散应力的能力。基层遭受大气因素的影响虽然比面层小,但仍然有可能经受地下水和通过面层渗入雨水的侵蚀。因此,基层结构应具有足够的水稳定性。基层表面虽不直接供车辆行驶,但仍然要求有较好的平整度,这是保证面层平整性的基本条件。

修筑基层的材料主要有各种结合料(如石灰、水泥等)稳定土底基层、沥青稳定基层(包括沥青稳定基层ATM、大碎石沥青混合料基层LSAM、排水性沥青稳定基层ATPB),各种结合料(如石灰、水泥等)稳定碎(砾)石、贫水泥混凝土、普通水泥混凝土、天然沙砾,各种碎(砾)石、片石、块石或圆石的基层,以及各种工业废渣(如煤渣、粉煤灰、矿渣、石灰渣等)与土、沙、石所组成的混合料等。

基层厚度太大时,为保证工程质量可分为两层、三层或更多的层次铺筑。当采用不同材料修筑基层时,基层的最下层称为底基层。对底基层材料质量的要求可以降低,可使用当地材料来修筑。

沥青混凝土路面必须采取措施保证沥青层与沥青层、沥青层与无机结合料稳定材料基层之间具有良好的黏结状态,增加整体性材料的疲劳寿命。

水泥混凝土路面与基层之间也应设置水稳定性好的材料(如乳化沥青封层、贫混凝土基层等),减少由于水的作用而产生的水泥混凝土路面与基层之间的唧泥现象。

(3)垫层

垫层介于土基与基层之间。它的功能:一方面是改善土基的湿度和温度状况,以保证面层和基层的强度、刚度和稳定性不受土基水温状况变化所造成的不良影响;另一方面是将基层传下的车辆荷载应力加以扩散,以减小土基产生的应力和变形,同时也能阻止路基土挤入基层中,影响基层结构的性能。

修筑垫层的材料,强度要求不一定高,但水稳定性和隔温性能要好。常用的垫层材料分为两类:一类是由松散粒料,如沙、砾石、炉渣等组成的透水性垫层;另一类是用水泥或石灰稳定土等修筑的稳定类垫层。

1.4 影响路基路面稳定性的因素

路基路面裸露在大气中,其稳定性在很大程度上由当地自然条件所决定。因此,深入调查道路沿线的自然条件,从总体到局部,从大区域到具体路段的自然情况进行分析研究,掌握其规律及对路基路面稳定性的影响,因地制宜地采取有效的工程措施,以确保路基路面具有足够的强度和稳定性。影响路基路面强度和稳定性的因素包括地理条件、地质条件、气候条件、水文条件和水文地质条件、土的类别等。

1.4.1 地理条件

道路沿线的地形、地貌和海拔高度不仅影响路线的选定,也影响路基与路面的设计。平原、丘陵、山岭各区地势不同,路基的水温状况也不同。平原区地势平坦,排水困难,地表易积水,地下水位较高,因而路基需要保持一定的最小填土高度。路面结构层应选择水稳定性良好的材料,并采取一定的排水设施;丘陵区和山岭区,地势起伏较大,路基路面排水设计至关重要,否则会导致稳定性下降,出现破坏现象,影响路基路面的稳定性。

1.4.2 地质条件

沿线的地质条件,如岩石的种类、成因、节理、风化程度及裂隙情况,岩石走向、倾向、倾角、层理和岩层厚度,有无夹层或遇水软化的岩层,以及有无断层或其他不良地质现象(岩溶、冰川、泥石流、地震等),对路基路面的稳定性都有一定的影响。

1.4.3 气候条件

气候条件,如气温、降水、湿度、冰冻深度、日照、蒸发量、风向及风力等都会影响道路沿线地表水和地下水的状况,并且影响路基路面的水温情况。

在一年之中,气候有季节性的变化。因此,路基路面的水温状况也随之变化。气候还受地形的影响,如山顶与山脚、南山坡与北山坡的气候有很大的差别,这些因素都会严重影响路基路面的稳定性。

1.4.4 水文条件和水文地质条件

水文条件主要包括道路沿线地表水的排泄,河流洪水位、常水位,有无地表积水和积水时期的长短,以及河岸的淤积情况等。水文地质条件主要包括地下水位、地下水移动的规律,以及有无层间水、裂隙水、泉水等。所有这些水文条件和水文地质条件都会影响路基路面的稳定性,如果处理不当,常会引起各种病害。

1.4.5 土的类别

土是建筑路基和路面的基本材料,不同的土类具有不同的工程性质,因而将直接影响路基路面的强度与稳定性。

不同的土类含有不同粒径的土颗粒。沙粒成分多的土,强度构成以内摩阻力为主,强度高,受水的影响小,但施工时不易压实。较细的沙,在渗流情况下,容易流动,形成流沙。黏粒成分多的土,强度形成以黏结力为主,其强度随密实程度的不同,变化较大,并随湿度的增大而降低。粉土类土毛细现象强烈,路基路面的强度和承载力随着毛细水上升,湿度增大而下降,在负温差作用下,水分通过毛细作用移动并积聚,使局部土层湿度大幅度增加,造成路基冻胀,最后导致路基翻浆、路面结构层断裂等破坏。

1.5 公路自然区域划分

我国地域辽阔,又是一个多山国家,从北向南处于寒带、温带和热带。从青藏高原到东部沿海高程相差 4 000 m 以上,因此,自然因素变化极为复杂。不同地区自然条件的差异同公路建设有密切关系。为了区分各地自然区域的筑路特性,经过长期研究,制订了《公路自然区划标准》(JTJ 003—1986)。公路自然区划的划分主要根据以下 3 个原则:

(1)道路工程特征相似的原则

即在同一区划内,在同样的自然因素下筑路具有相似性。例如,北方不利季节主要是春融时期,有翻浆病害;南方不利季节在雨季,有冲刷、水毁等病害。

(2)地表气候区划差异性的原则

即地表气候是地带性差异与非地带性差异的综合结果。通常,地表气候随着当地纬度而变,如北半球,北方寒冷,南方温暖,则称为地带性差异。此外,还与高程的变化有关,即沿垂直方向的变化,如青藏高原,海拔高,与纬度相同的其他地区相比,气候更加寒冷,则称为非地带性差异。

(3)自然气候因素既有综合又有主导作用的原则

即自然气候的变化是各种因素综合作用的结果,但其中又有某种因素起着主导作用。例如,道路冻害是水和热综合作用的结果,但在南方,只有水而没有寒冷气候的影响,不会有冻害,说明温度起主导作用;西北干旱区与东北潮湿区,同样都有负温度,但前者冻害轻于后者,说明水起主导作用。

我国公路自然区划采用三级分区:一级区划主要按大范围的气候、地理和地貌等条件的差异,将全国划分为冻土、湿润、干湿过渡、湿热、潮暖、干旱及高寒七大区;二级区划是在一级区划的基础上以潮湿系数为主进行划分的;三级区划是在二级区划内划分更低一级的区域或类型单元。

1.5.1 一级区划

一级区划以全国性的纬向地带性和构造区域性为依据,根据对公路工程具有控制作用的地理、气候因素来拟订。对纬向性的,特别是东部地区的界线,采用了气候指标;对非纬向性的,特别是西部地区的界线,则较多地强调构造和地貌因素;中部个别地区,则采用土质作为指标。

①以全年平均温度 -2 ℃等值线作为多年冻土和季节性冻土的分界线。

②以 1 月份平均温度 0 ℃等值线作为季节性冰冻区的分界线。

③按我国自然和地形的特点,以 1 000 m 和 3 000 m 等高线为界划分三级阶梯。三级阶梯的存在使气候具有不同的特色,成为划分一级区的主要标志。

④秦岭淮河以南不冻区,因雨型、雨量、不利季节与不利月份的差异,划分为东、西两大片。

⑤根据黄土对筑路的特殊性及其处于过渡的地区位置,同其他区域分开。

这样,根据气候、地理和地貌等综合性指标相互交错与叠合,将全国划分为 7 个区。

Ⅰ区——北部多年冻土区:

该区北部为连续分布多年冻土,南部为岛状分布多年冻土。对泥沼地多年冻土层,最重要的道路设计原则是保温,不可轻易挖去覆盖层,使路堤下保持冻结状态,若受大气热量影响而融化,后患无穷。对非多年冻土层的处理方法则不同,须将泥炭层全部或局部挖去,排干水分,然后填筑路堤。该区主要是林区道路,路面结构为中级路面。林区山地道路,因表土湿度大,地面径流大,最易翻浆,应采取换土、稳定土、砂垫层等处理方法。

Ⅱ区——东部温润季冻区:

该区路面结构突出的问题是防止翻浆和冻胀。翻浆的轻重程度取决于路基的潮湿状态,可根据不同的路基潮湿状态采取措施。该区缺乏砂石材料,采用稳定土基层已取得一定的经验。

Ⅲ区——黄土高原干湿过渡区:

该区特点是黄土对水分的敏感性,干燥土基强度高,稳定性好。在河谷盆地的潮湿路段以及灌区耕地,土基稳定性差,强度低,必须认真处理。

Ⅳ区——东南湿热区:

该区雨量充沛集中,雨型季节性强,台风暴雨多,水毁、冲刷、滑坡是道路的主要病害,路面结构应结合排水系统进行设计。该区水稻田多,土基湿软,强度低,必须认真处理。由于气温高、热季长,要注意黑色面层材料的热稳定性和防透水性。

Ⅴ区——西南潮暖区:

该区山多,筑路材料丰富,应充分利用当地材料筑路,对水文不良路段,必须采取措施,稳定路基。

Ⅵ区——西北干旱区:

该区大部分地下水位很低,虽然冻深多在 100 m 以上,但一般道路冻害较轻。个别地区,如河套灌区,内蒙古草原洼地,地下水位高,翻浆严重。丘陵区 1.5 m 以上的深路堑,冬季积雪厚,雪水浸入路面造成危害。因此,沥青面层材料应具有良好的防透水性,路肩也应作防水处理。因气候干燥,故砂石路面经常出现松散、搓板和波浪现象。

Ⅶ区——青藏高寒区:

该区局部路段有多年冻土,须按保温原则设计。由于地处高原,气候寒冷,昼夜气温相差很大,日照时间长,沥青老化很快,加之年平均气温相对偏低。因此,路面易遭受冬季雪水渗入而破坏。

1.5.2 二级区划

在一级区划的基础上,以潮湿系数 K 为主要指标,综合考虑气候、地貌、土质、地下水及自然病害等因素,将全国划分为 33 个二级区和 19 个副区(亚区)。

潮湿系数 K 值为年降水量 R 与年蒸发量 Z 之比,即

$$K = \frac{R}{Z}$$

潮湿系数 K 值按大小分为以下 6 个等级:

①过湿区,$K > 2.00$。

②中湿区,$2.00 \geqslant K > 1.50$。

③润湿区,$1.50 \geqslant K > 1.00$。

④润干区,$1.00 \geqslant K > 0.50$。

⑤中干区,$0.50 \geqslant K > 0.25$。

⑥过干区,$K \leqslant 0.25$。

1.5.3 三级区划

三级区划是二级区划的进一步具体化,按各区内气候、地貌、土质及水文等方面的差异,划分为更低一级的区划单位或类型单位。三级区划目前未列入全国区划图内,由各省、市和自治区结合当地自然条件自行划分。

各级区划的范围不同,在公路工程上的应用也各有侧重。一级区划主要为全国性的公路总体规划和设计服务;二级区划主要为各地的公路路基路面设计、施工、养护提供较全面的地理、气候依据和有关计算参数,如土基和路面材料的回弹模量、路基临界高度、土基压实标准等。

1.6 路面的等级与分类

1.6.1 路面等级

通常按路面面层的使用品质、材料组成类型以及结构强度和稳定性,将路面等级分为 4 个等级,见表 1.2。

表 1.2　各等级路面所具有的面层类型及其适用公路等级

路面等级	面层类型	所适用的公路等级
高级	水泥混凝土、沥青混凝土、厂拌沥青碎石、整齐石块或条石	高速、一级、二级
次高级	沥青贯入碎(砾)石、路拌沥青(砾)石、沥青表面处治、半整齐石块	二级、三级
中级	泥结或级配(砾)石、水结碎石、不整齐石块、其他粒料	三级、四级
低级	各种粒料或当地材料改善土,如炉渣土、砾石土和沙砾土等	四级

（1）高级路面

高级路面的特点是强度高,刚度大,稳定性好,使用寿命长,能适应较大的交通量,路面平整,无尘埃,能保证高速行车。高级路面的养护费用少,运输成本低,但初期建设投资大,需要用高质量的材料来修筑。

（2）次高级路面

与高级路面相比,次高级路面的强度和刚度较低,使用寿命较短,所适应的交通量较小,行车速度也较低。次高级路面的初期建设投资虽较高级路面低些,但要求定期修理,养护费用和运输成本也较高。

（3）中级路面

中级路面的强度和刚度低,稳定性差,使用寿命短,平整度差,易扬尘,仅能适应较小的交通量,行车速度低。中级路面的初期建设投资虽然很低,但是养护工作量大,需要经常维修和补充材料才能延长使用年限,运输成本高。

（4）低级路面

低级路面的强度和刚度很低,水稳定性差,路面平整性差,易扬尘,故只能保证低速行车,所适应的交通量很小,在雨季有时不能通车。低级路面的初期建设投资很低,但要求经常养护修理,而且运输成本很高。

1.6.2　路面分类

路面类型可从不同角度来划分,但是一般都按面层所用的材料划分,如水泥混凝土路面和沥青路面和砂石路面等。在工程设计中,主要从路面结构的力学特性和设计方法的相似性出发,将路面划分为柔性路面、刚性路面和半刚性路面 3 类。

（1）柔性路面

柔性路面的总体结构刚度较小,在行车荷载作用下产生较大的弯沉变形,路面结构本身的抗弯拉强度较低。它通过各结构层将行车荷载传递给路基,使路基承受较大的单位压力。路基路面结构主要靠抗压强度和抗剪强度承受行车荷载的作用。柔性路面主要包括各种用沥青处理和未经处理的粒料基层和各类沥青面层、碎(砾)石面层或块石面层组成的路面结构。

（2）刚性路面

刚性路面主要是指用水泥混凝土做面层或基层的路面结构。水泥混凝土的强度高,与其他筑路材料比较,它的抗弯拉强度高,并且有较高的弹性模量,故呈现出较大的刚性。在行车荷载作用下,水泥混凝土结构层处于板体工作状态,竖向弯沉较小,路面结构主要靠水泥混凝土面板的抗弯拉强度承受行车荷载,通过板体的扩散分布作用,传递给基础上的单位压力较柔性路面小得多。

应该说明,用水泥、石灰等无机结合料稳定的土或碎(砾)石以及含有水硬性结合料的工业废渣修筑的基层,在前期具有柔性路面的力学性质(初期强度和刚度较小),后期的强度和刚度均有较大幅度的增长,但最终的强度和刚度仍远小于水泥混凝土。这种材料的刚度处于柔性路面与刚性路面之间,通常称为半刚性基层。把这种基层和铺筑在它上面的沥青面层,称为半刚性基层沥青路面。这类路面仍然采用柔性路面设计理论来设计。

刚性路面和柔性路面,这种以力学特性为标准的分类方法主要是便于功能原理和设计方法区分,并没有绝对的定量分界界限。近年来,材料科学的发展正在逐步改变这种属性,如水泥混凝土的增塑研究正在使它的刚性降低而保留它的高强性质,沥青的改性研究使沥青混合料随气候而变化的力学性质趋于稳定,大幅度提高其刚度。因此,事物都在相互转化之中。

(3)半刚性路面

用水泥、石灰和无机结合料处治的土或碎(砾)石及含有水硬性结合料的工业度渣修筑的基层,前期具有柔性路面的力学性质,后期的强度和刚度均有大幅度的增长,但最后的强度和刚度仍小于水泥混凝土,其刚性处于柔性路面与刚性路面之间。因此,把此种基层和铺筑在其上的沥青面层统称半刚性路面,这种基层称为半刚性基层。

第**2**章
路基土的特性及设计参数

2.1 路基土的分类及工程特性

2.1.1 路基土的分类

世界各国公路用土的分类方法虽然不尽相同,但是分类的依据大致相近,一般都根据土颗粒的粒径组成、土颗粒的矿物成分或其余物质的含量、土的塑性指标进行区划。根据《公路土工试验规程》(JTG E40—2007),我国公路用土依据土的颗粒组成特征、土的塑性指标和土中有机质含量的情况,可分为巨粒土、粗粒土、细粒土及特殊土4类,并进一步细分为12种土(见图2.1)。土的颗粒组成特征用不同粒径粒组在土中的百分含量表示。表2.1所列为不同粒组的划分界限及范围,表2.2给出了土的基本代号。

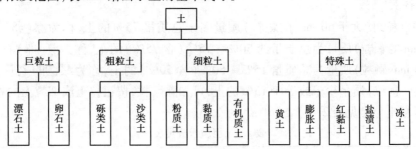

图2.1 土分类总体系

表2.1 粒组划分

粒径	200	60	20	5	2	0.5	0.25	0.075	0.02(mm)
巨粒组		粗粒组							细粒组
漂石(块石)	卵石(小块石)	砾(角砾)			沙			粉粒	黏粒
		粗	中	细	粗	中	细		

表2.2　土的基本代号

名　称	代号	名　称	代号	名　称	代号
漂石	B	级配良好沙	SW	含砾低液限黏土	CLG
块石	B_a	级配不良沙	SP	含沙高液限黏土	CHS
卵石	C_b	粉土质沙	SM	含沙低液限黏土	CLS
小块石	Cb_a	黏土质沙	SC	有机质高液限黏土	CHO
漂石夹土	BS1	高液限粉土	MH	有机质低液限黏土	CLO
卵石夹土	CbS1	低液限粉土	ML	有机质高液限粉土	MHO
漂石质土	SIB	含砾高液限粉土	MHG	有机质低液限粉土	MLO
卵石质土	SICb	含砾低液限粉土	MLG	黄土(低液限黏土)	CLY
级配良好砾	GW	含沙高液限粉土	MHS	膨胀土(高液限黏土)	CHE
级配不良砾	GP	含沙低液限粉土	MLS	红土(高液限粉土)	MHR
含细粒质砾	GF	高液限黏土	CH	红黏土	R
粉土质砾	GM	低液限黏土	CL	盐渍土	St
黏土质砾	GC	含砾高液限黏土	CHG	冻土	Ft

土颗粒级配曲线的坡度与形状分别采用不均匀系数 C_u 和曲率系数 C_c 来表示。不均匀系数 C_u 和曲率系数 C_c 定义为

$$C_u = \frac{d_{\epsilon 0}}{d_{10}} \tag{2.1}$$

$$C_c = \frac{d_{30}^2}{d_{\epsilon 0} \times d_{10}} \tag{2.2}$$

(1)巨粒土

试样中巨粒组(大于60 mm 的颗粒)质量多于总质量75%的土,称为漂(卵)石;巨粒组(大于60 mm 的颗粒)质量为总质量的50% ~75%(含75%)的土,称为漂(卵)石夹土;巨粒组(大于60 mm 颗粒)质量为总质量15% ~50%(含50%)的土,称为漂(卵)石质土;巨粒组(大于60 mm 颗粒)质量少于或等于15%的土,可扣除巨粒,按粗粒土或细粒土的相应规定分类定名。巨粒土分类见表2.3。

表2.3　巨粒土分类表

土　组		土组代号	漂石粒(>200 mm 颗粒)含量/%
漂(卵)石 (大于60 mm 颗粒>75%)	漂石	B	>50
	卵石	Cb	≤50
漂(卵)石夹土 (大于60 mm 颗粒>50%且≤75%)	漂石夹土	BS1	>50
	卵石夹土	CbS1	≤50
漂(卵)石质土 (大于60 mm 颗粒>15%且≤50%)	漂石质土	SIB	>50
	卵石质土	SICb	≤50

（2）粗粒土

试样中巨粒组土粒质量少于或等于总质量 15%，且巨粒组土粒与粗粒组土粒质量之和多于总质量 50% 的土，称为粗粒土。粗粒土分砾类土和沙类土两种。砾粒组质量多于沙粒组质量的土，称为砾类土，其分类见表 2.4。砾粒组质量少于或等于沙粒组质量的土，称为沙类土，其分类见表 2.5。

表 2.4　砾类土分类

土　组		土组代号		级配状况
砾	级配良好砾	GW	$F \leqslant 5$	级配：$C_u \geqslant 5$　$1 \leqslant C_c \leqslant 3$
	级配不良砾	GP		级配：不同时满足上述要求
含细粒土砾		GF	$5 < F \leqslant 15$	
细粒土质砾	粉土质砾	GM	$15 < F \leqslant 50$	细粒土位于塑性图 A 线以下
	黏土质砾	GC		细粒土位于塑性图 A 线以上

表 2.5　沙类土分类

土　组		土组代号	细粒组（<0.075 mm 颗粒）含量/%	级配状况
沙	级配良好沙	SW	$F \leqslant 5$	级配：$C_u \geqslant 5$ $1 \leqslant C_c \leqslant 3$
	级配不良沙	SP		级配：不同时满足上述要求
含细粒土沙		SF	$5 < F \leqslant 15$	
细粒土质沙	粉土质沙	SM	$15 < F \leqslant 50$	级配：$C_u \geqslant 5$ $1 \leqslant C_c \leqslant 3$
	黏土质沙	SC		级配：不同时满足上述要求

（3）细粒土

试样中细粒组土粒（小于 0.075 mm 的颗粒）质量不小于总质量 50% 的土，总称细粒土。细粒土应按下列规定划分：

①细粒土中粗粒组质量少于或等于总质量 25% 的土，称为粉质土或黏质土。

②细粒土中粗粒组质量为总质量 25% ~ 50%（含 50%）的土，称为含粗粒的粉质土或含粗粒的黏质土。

③试样中有机质含量多于或等于总质量 5%，且少于总质量 10% 的土，称为有机质土；试样中有机质含量多于或等于总质量 10% 的土，称为有机土。

细粒土应按其在塑性图（见图 2.2，低液限 $w_L < 50\%$）；高液限 $w_L \geqslant 50\%$）中的位置确定土的名称：

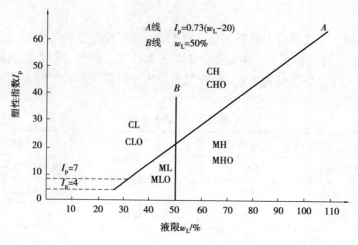

图 2.2　塑性图

①当细粒土位于塑性图 A 线或 A 线以上时,如果在 B 线或 B 线右侧,称为高液限黏土,记为 CH;如果在 B 线左侧,$I_p = 7$ 线以上,称为低液限黏土,记为 CL。

②当细粒土位于塑性图 A 线以下时,如果在 B 线或 B 线右侧,称为高液限粉土,记为 MH;如果在 B 线左侧,$I_p = 4$ 线以下,称为低液限粉土,记为 ML。

③黏土和粉土过渡区(CL—ML)的土可按相邻土层的类别考虑细分。

细粒土分类体系如图 2.3 所示。

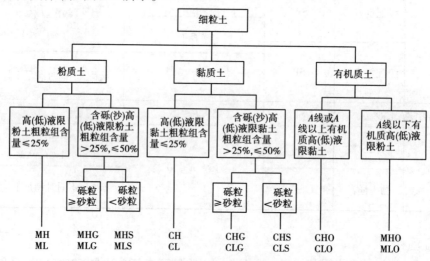

图 2.3　细粒土分类体系

土中有机质,包括未完全分解的动植物残骸和完全分解的无定形物质。后者多呈黑色、青黑色或暗色,有臭味,有弹性和海绵感,可借目测、手摸及嗅感判别。当不能判别时,可将试样放在 105 ~ 110 ℃ 的烘箱中烘烤,若烘烤 24 h 后试样的液限小于烘烤前的 3/4,则该试样为有机质土。当需要测定有机质含量时,按 T0151—1993 有机质含量试验进行测定。

有机质土应按其在塑性图(见图 2.2)中的位置确定土名称:

①当有机质土位于塑性图 A 线或 A 线以上时,如果在 B 线或 B 线右侧,称为有机质高液限黏土,记为 CHO;如果在 B 线左侧,$I_p = 7$ 线以上,称为有机质低液限黏土,记为 CLO。

②当有机质土位于塑性图 A 线以下时,如果在 B 线或 B 线右侧,称为有机质高液限粉土,

记为 MHO；如果在 B 线左侧，$I_p = 4$ 线以下，称为有机质低液限粉土，记为 MLO。

③黏土和粉土过渡区（CL—ML）的土可按相邻土层的类别考虑细分。

（4）特殊土

特殊土包括黄土、膨胀土、红黏土、盐渍土及冻土。黄土、膨胀土和红黏土，按图 2.4 定名。

①黄土。低液限黏土（CLY），分布范围大部分在 A 线以上，且 $w_L < 40\%$。

②膨胀土。高液限黏土（CHE），分布范围大部分在 A 线以上，且 $w_L > 50\%$。

③红黏土。高液限粉土（MHR），分布范围大部分在 A 线以下，且 $w_L > 55\%$。

④盐渍土按表土层中平均总盐量可分为弱盐渍土、中盐渍土、强盐渍土及过盐渍土；按 Cl^-/SO_4^{2-} 比值可分为氯盐渍土、亚氯盐渍土、亚硫酸盐渍土及硫酸盐渍土。

⑤冻土按冻结状态持续时间，可分为多年冻土、隔年冻土及季节性冻土。具体按表 2.6 进行分类。

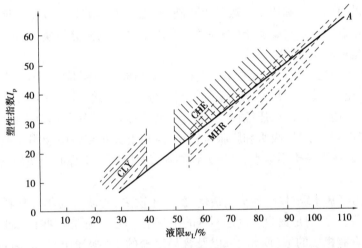

图 2.4　特殊土塑性图

表 2.6　冻土分类

类　型	持续时间 t/年	地面温度/℃	冻融特征
多年冻土	$t \geq 2$	年平均地面温度 ≤0	季节融化
隔年冻土	$2 > t \geq 1$	最低月平均地面温度 ≤0	季节冻结
季节冻土	$t < 1$	最低月平均地面温度 ≤0	季节冻结

2.1.2　路基土的工程性质

各类公路用土具有不同的工程性质。在选择路基填筑材料以及修筑稳定土路面结构层时，应根据不同的土类分别采取不同的工程技术措施。

巨粒土，包括漂石（块石）土和卵石（块石）土，有很高的强度和稳定性，是良好的用以填筑路基的材料，也可用于砌筑边坡。

粗粒土分为砾类土和沙类土。

砾类土级配良好时，密实程度好，强度和稳定性均能满足要求。除了填筑路基之外，还可铺筑路面的基层、底基层。

沙类土无塑性,透水性强,毛细水上升高度小,具有较大的内摩擦系数,强度和水稳定性均好,但沙类土黏结性小,易于松散,压实困难。经充分压实的沙类土路基,压缩变形小,稳定性好。为了加强压实和提高稳定性,可采用振动法压实,并可掺加少量黏土,以改善级配组成。沙类土级配较好时,含有一定数量的粗颗粒,又含有一定数量的细颗粒,强度、稳定性等都能满足要求,是理想的路基填筑材料。如细粒土质沙,其粒径组成接近最佳级配,遇水不黏着,不膨胀,雨天不泥泞,晴天不扬尘,便于施工。

粉质土含有较多的粉土颗粒,干时虽有黏性,但易于破碎,浸水时容易成为流动状态。粉土毛细作用强烈,毛细水上升高度大(可达 1.5 m)。在季节性冰冻地区容易造成冻胀、翻浆等病害。粉质土属于不良的公路用土,如必须用粉质土填筑路基,则应采取技术措施改良土质并加强排水、采取隔离水等措施。

黏质土中细颗粒含量多,土的内摩擦系数小而黏聚力大,透水性小而吸水能力强,毛细现象显著,有较大的可塑性。黏质土干燥时较坚硬,施工时不易破碎。浸湿后能长期保持水分,不易挥发,因而承载力小。对黏质土,如在适当含水率时加以充分压实,并设置良好的排水设施,筑成的路基也能获得稳定。

高液限黏土工程性质与黏质土相似,其含黏土矿物成分不同时,性质有很大差别。黏土矿物主要包括蒙脱土、高岭土和伊利土。蒙脱土主要分布在东北地区,其塑性大,吸湿后膨胀强烈,干燥时收缩大,透水性极低,压缩性大,抗剪强度低;高岭土分布在南方地区,其塑性较低,有较高的抗剪强度和透水性,吸水和膨胀量较小;伊利土分布在华中和华北地区,其性质介于上述两者之间。高液限黏土不透水,黏聚力特别强,塑性很大,干燥时很坚硬,施工时难以挖掘与破碎。

总之,土作为路基建筑材料,沙类土最优,黏质土次之,粉质土属不良材料,最容易引起路基病害,高液限黏土,特别是蒙脱土也是不良的路基土。此外,还有一些特殊土类,如有特殊结构的土(黄土)、含有机质的土(腐殖土)以及含易溶盐的土(盐渍土)等。因黄土属大孔和多孔结构,有湿陷性;膨胀土受水浸湿发生膨胀,失水则收缩;红黏土失水后体积收缩量较大;盐渍土潮湿时承载力很低,如用以填筑路基必须采取相应技术措施。

2.1.3 路基填料的选择

路基填料是指路堤施工中的填方筑路材料。它可以是经检测合格的路线纵向土石方调配土、半填半挖横断面上的挖方土,也可以是取土坑内获取的土。在没有合适的天然土源的情况下,需要对获取的天然土填料进行改性。常用的改性方法有:掺配粗颗粒土改善物理级配;掺入石灰等无机结合料,甚至是专用的改性剂进行化学改性。

路基填料,应选择强度高、水稳性好、压缩性小,且运输便利、施工方便的天然土源。公路工程中常见的填料类型有以下 7 种:

(1)漂石、卵石(巨粒土)与粗砾石

这类材料的渗水性很强,水稳定性较好,强度高。施工不受季节限制,填石路堤(用粒径大于 40 mm、含量超过 70% 的石料填筑的路堤)的残余下沉量小,荷载作用下塑性变形小,但一般不用于路床的填筑。填石路堤的单层填筑厚度根据其层位不同在 30 ~ 60 cm,上路堤单层填筑厚度要比下路堤小,填料最大颗粒粒径应不超过填筑层厚的 2/3,为增加稳定性,需要考虑其级配组成,单一大粒径颗粒的填料要增加小粒径颗粒,以便压实稳固。填石路堤的压实设备有特殊要求,且损耗较大,其施工质量控制方式也与普通填料路堤有差异。这类填料的使用性能评定为优,施工性评定为中。

(2)土石混合料

土石混合料是由石块(粒径大于 40 mm,含量小于 70%)与土混合在一起形成的混合料。其力学性质与土、石含量有关。石块和砾含量高时,其渗水性、水稳定性和强度好;反之,若土(粉质土、黏质土)含量多,则较松散,遇水易造成边坡坍塌。在土石级配合理的情况下,土石混合料填筑的路堤强度优良、稳定性好。这类填料的使用性能评定为优,施工性评定为良。

(3)砾类土、沙类土

这类材料的渗水性强、水稳定性好,级配较好时,既含有一定数量的粗颗粒,使之具有足够的强度和水稳定性,又含有一定数量的细颗粒,将粗颗粒黏在一起,且施工方便。但其中黏质土含量过多时,水稳定性将下降很多,且细沙土易松散,对流水冲刷、风蚀的抵抗能力差,可能需要掺配黏质土,以加强稳定性。这类填料的性能评定为优,施工性评定为优。

(4)粉质土

粉质土含较多的粉粒,毛细现象严重,干时易被风蚀,浸水后很快湿透,强度急剧下降,是稳定性最差的填料;在季节性冰冻地区用粉质土填筑路基会引起冻胀、翻浆、唧泥,不得已要用时,应掺配其他填料,并加强排水,采取隔离措施。这类填料的使用性能评定为差,施工性评定为良。

(5)黏质土

黏质土渗水性差,干燥时较硬而不易挖掘,浸水后水稳性差,强度低,变形大。如在适当含水率时充分压实,并有良好排水的条件下,筑成的路堤也较稳定。高液限黏土不宜作路基填料。这类填料的使用性能评定为良,施工性评定为良。

(6)特殊土

特殊土如膨胀土、黄土、盐渍土、石膏土、泥炭及腐殖土等应限制使用。有机质含量较高的细粒土也要慎用。

(7)生活垃圾及工业废渣

生活垃圾中含有较多的有机质成分,在路基填方高度很大时(如峡谷内高填时),在填方下部可酌情使用,但应利用特殊设备充分压实。工业废渣特别是矿渣在粒径上属于巨粒土,且级配较好,在保证压实的情况下可以使用,且性能较好。这一类土的成分及特性往往不具有一般性,需要特殊问题特殊对待,如果用矿渣填筑路堤,需进行相应试验研究。

在具体工程中,路基填料的选择余地不大,根据以上原则初步选择可能的填料后,最终决定其是否可以应用的还是其试验指标。路基填料选择依据的指标是 CBR 值,试验方法参照《公路土工试验规程》(JTG E40—2007)中的 T0134—1993。选择标准见表 2.7。

表 2.7　路基填料最小承载比要求

路基部位		路面底面以下深度/m	填料最小承载比(CBR)/%		
			高速公路、一级公路	二级公路	三级、四级公路
上路床		0~0.3	8	6	5
下路床	轻、中等及重交通	0.3~0.8	5	4	3
	特重、极重交通	0.3~1.2	5	4	—

续表

路基部位		路面底面以下深度/m	填料最小承载比(CBR)/%		
			高速公路、一级公路	二级公路	三级、四级公路
上路堤	轻、中等及重交通	0.8~1.5	4	3	3
	特重、极重交通	1.2~1.9	4	3	—
下路堤	轻、中等及重交通	1.5 以下	3	2	2
	特重、极重交通	1.9 以下			

注:1. CBR 试验条件应符合现行《公路土工试验规程》(JTG E40—2007)的规定。
  2. 年平均降雨量小于 400 mm 地区,路基排水良好的非浸水路基,通过试验论证可采用平衡湿度状态的含水率作为 CBR 试验条件,并应结合当地气候条件和汽车荷载等级,确定路基填料 CBR 控制标准。
  3. 当路基填料 CBR 值达不到表列要求时,可掺石灰或其他稳定材料处理。
  4. 当三级、四级公路铺筑沥青混凝土和水泥混凝土路面时,应采用二级公路的规定。
  对应路堤不同层位,只有满足相应的最低 CBR 值要求的填料才是可用的填料,在不满足要求的情况下,需考虑选择相应的改性措施。

2.2 路基的力学强度特性

2.2.1 路基受力状况

路基承受着路基自重和车轮荷载这两种荷载。在这两种荷载的共同作用下,在一定深度范围内,路基土处于受压状态。正确的设计应使路基所受的力在弹性限度范围内,当车辆驶过后,路基能恢复原状,以保证路基相对稳定,不致引起路面破坏。

路基土在车轮荷载作用下所引起的垂直应力 σ_z 可用近似式(2.3)计算(注:用层状弹性体系理论更加准确)。计算时,假定车轮荷载为一垂直集中荷载,路基为一弹性均质半空间体(见图 2.5),则

$$\sigma_Z = K \frac{P}{Z^2} \qquad (2.3)$$

式中 P——一侧车轮荷载,kN;
  K——系数,一般取 $K=0.5$;
  Z——垂直集中荷载下应力作用点的深度,m。

路基土自重在路基内深度为 Z 处所引起的垂直压应力 σ_B 可计算为

$$\sigma_B = \gamma Z \qquad (2.4)$$

式中 γ——土的重度,kN/m³;
  Z——应力作用点深度,m。

路基内任一点处的垂直应力包括由车轮荷载引起的 σ_z 和由路基自重引起的 σ_B,两者的共同作用如图 2.5 所示。

2.2.2　路基工作区

在路基某一深度 Z_a 处,车轮荷载引起的垂直应力 σ_Z 与路基土自重引起的垂直压应力 σ_B 之比大于 0.1 的范围,称为路基工作区。路面结构和车轮荷载对工作区范围内的路基影响较大,对工作区范围以外的路基影响较小。

路基工作区深度 Z_a 可计算为

$$Z_a = \sqrt[3]{\dfrac{KnF}{\gamma}} \qquad (2.5)$$

式中　Z_a——路基工作区深度,m;

　　　P——一侧车轮荷载,kN;

　　　K——系数,一般取 $K=0.5$;

　　　γ——土的重度,kN/m³;

　　　n——系数,$n=100$。

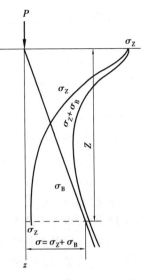

图 2.5　土基中应力分布图

由于路基路面不是均质体,路面的刚度和重度较路基土大,路基工作区的实际深度随路面刚度和厚度的增加而减小。因此,如果采用应力简化式(2.3),需要将路面折算为与路基同一性质的整体,得到沥青路面的当量厚度 h_e,可计算为

$$h_e = \sum h_i \sqrt[2.5]{\dfrac{E_i}{E_0}} \qquad (2.6)$$

式中　h_a——路基工作区深度,m;

　　　E_i——沥青路面结构层模量,MPa;

　　　E_0——路基顶面的综合模量,MPa。

由式(2.5)可知,路基工作区随车轮荷载的加大而加深。

在路基工作区内,路基的强度和稳定性对保证路面结构的强度和稳定性极为重要,对工作区深度范围内的土质选择、路基的压实度应提出较高的要求。

当工作区深度大于路基填土高度时(见图 2.6),行车荷载的作用不仅施加于路堤,而且施加于天然地基的上部土层。因此,天然地基上部土层和路堤应同时满足工作区的要求,均应充分压实。

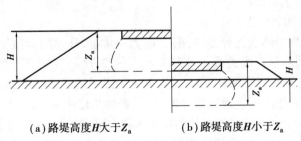

（a）路堤高度 H 大于 Z_a　　　　（b）路堤高度 H 小于 Z_a

图 2.6　工作区深度和路基高度的关系

2.2.3　路基土的受力特性

路基是路面结构的支承体,车轮荷载通过路面结构将力传至路基,因此,路基土的应力-应

变特性对路基路面结构的整体强度和刚度有很大影响。路基变形过大是导致路面结构损坏的重要原因之一。路基土的变形包括弹性变形和塑性变形两部分。弹性变形过大,将使沥青面层或水泥混凝土面板产生疲劳开裂。塑性变形过大,将导致各种沥青路面产生车辙和纵向不平整。对水泥混凝土路面,路基土过大的塑性变形将引起板块断裂。在路面结构总变形中,路基土的变形占很大部分,为70% ~95%。因此,提高路基土的抗变形能力是提高路基路面结构整体强度和刚度的重要措施。

理想的线性弹性体在一定的应力范围内,应力与应变关系呈线性特性,而且当应力消失时,应变随之消失,恢复到初始状态。路基土的内部结构十分复杂,它由固相、液相和气相3部分组成。因此,路基土在应力作用下呈现的变形特性同理想的线性弹性体有很大的区别。

压入承载板试验是研究路基土应力-应变特性最常用的一种方法。这种方法是以一定尺寸的刚性承载板置于路基顶面,逐级加荷卸荷,记录施加于承载板上的荷载及由该荷载所引起的沉降变形。根据试验结果,可绘出路基顶面压应力与回弹变形的关系曲线。如图2.7(a)所示为典型的路基顶面应力与回弹变形关系曲线。

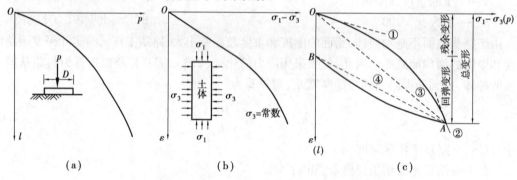

图2.7　土的应力-应变(回弹变形)关系曲线

根据弹性力学理论,通过试验测得的回弹变形可计算路基的回弹模量为

$$E = \frac{\pi p D (1 - \mu^2)}{4l} \tag{2.7}$$

式中　E——路基土的回弹模量,kPa;

　　　p——承载板压强,kPa;

　　　D——承载板的直径,m;

　　　μ——路基土的泊松比;

　　　l——承载板的回弹变形,m。

假如路基土体为理想的线性弹性体,则E应为一常量,施加的荷载p(应力$\sigma_1 - \sigma_3$)与回弹变形l(应变ε)之间应呈直线关系。但实际上,如图2.7(a)、(b)所示的p(应力$\sigma_1 - \sigma_3$)与l(应变ε)之间的曲线关系十分普遍。因此,路基土的回弹模量E并不是常数。

路基土在内部应力作用下表现出的变形,从微观的角度来看,是土颗粒之间的相对移动。当相对移动的距离超出一定限度时,即使将应力解除,土颗粒也已不再能恢复原位。从宏观角度来看,路基土将产生不可恢复的残余变形。因此,路基土的应力-应变关系除了出现非线性特性之外,还表现出弹塑性性质。由图2.7(c)可知,当荷载卸除,应力恢复到零时,曲线由A回到B,OB即为塑性或残余变形。

尽管路基土的应力-应变关系如此复杂,但是在评定路基土应力-应变状态以及设计路面时通常仍然用模量值E来表征。最简单的方法是采用局部线性化的方法,即在曲线的某一个

微小线段内,近似地将它视为直线,以它的斜率作为模量值。按照应力-应变曲线上应力取值方法的不同,模量有以下 4 种:

(1)初始切线模量

应力值为零时的应力-应变曲线的斜率,如图 2.7(c)所示的①。

(2)切线模量

某一应力级位处应力-应变曲线的斜率,如图 2.7(c)所示的②,反映该级应力处应力-应变变化的精确关系。

(3)割线模量

以某一应力值对应的曲线上的点同起始点相连的割线的斜率,如图 2.7(c)所示的③,反映路基土在工作应力范围内的应力-应变的平均状态。

(4)回弹模量

应力卸除阶段,应力-应变曲线的割线模量,如图 2.7(c)所示的④。前 3 种模量中的应变值包含残余应变和回弹应变,而回弹模量则仅包含回弹应变,它部分地反映了土的弹性性质。

路基土在车轮荷载作用下产生的应变,不仅与荷载应力的大小有关,而且与荷载作用的持续时间有关。这是因为土颗粒之间力的传递以及土颗粒与土颗粒之间的相对移动都需要一定的时间。通常在施加荷载的初期,变形量随荷载持续时间的延长而增大,以后逐渐趋向稳定,这又称土的流变特性。试验表明,回弹应变与荷载的持续时间关系不大,路基土的流变特性主要同塑性应变有关。

汽车在道路上行驶,车轮对路基土作用的时间很短,在这一瞬间产生的塑性应变比之于静荷载长期作用下的塑性应变小得多。因此,一般情况下,路基土的流变影响可不予考虑。

2.2.4　重复荷载对路基土的影响

路基土承受着车轮荷载的多次重复作用。每一次荷载作用之后,回弹变形即时消失,而塑性变形则不能消失,残留在路基土之中。随着作用次数的增加,塑性变形不断积累,总变形量逐渐增大。最终会导致两种不同的情况:一种是土体逐渐压密,土体颗粒之间进一步靠拢,每一次加载产生的塑性变形量越来越小,直至稳定,停止增长,这种情况不致形成路基土的整体性剪切破坏;另一种是荷载的重复作用造成了土体的破坏,每一次加载作用在土体中产生了逐步发展的剪切变形,形成能引起土体整体破坏的剪裂面,最后达到破坏。

路基土在重复荷载作用下产生的塑性变形积累,最终将导致何种状况,主要取决于以下 3 个因素:

①土的性质(类型)和状态(含水率、密实度、结构状态)。

②重复荷载的大小,以重复荷载同一次静载下达到的极限强度之比来表示,即相对荷载。

③荷载作用的性质,即重复荷载的施加速度、每次作用的持续时间以及重复作用的频率。

在重复应力低于临界值的范围内,总应变 ε 的累积规律在半对数(或对数)坐标上一般呈线性关系,可表示为

$$\varepsilon = a + b \lg N \tag{2.8}$$

式中　a——应力一次作用下的初始应变;

　　　b——应变增长回归系数;

　　　N——应力重复作用次数。

路基承受着车轮荷载的重复作用,为适应这一特点,采用重复加载的三轴压缩试验来确定土的回弹模量值。

2.3 路基水温状况及干湿类型

2.3.1 路基湿度的来源

路基的强度与稳定性,在很大程度上与路基的湿度以及大气温度引起的路基的水温状况有密切的关系。路基在使用过程中,受到各种外界因素的影响,使湿度发生变化。路基湿度的来源可分为以下6个方面:

(1)大气降水

大气降水通过路面、路肩边坡和边沟渗入路基。

(2)地面水

边沟的流水、地表径流水因排水不良,形成积水,渗入路基。

(3)地下水

路基下一定范围内的地下水浸入路基。

(4)毛细水

路基下的地下水通过毛细作用,上升到路基。

(5)水蒸气凝结水

在土的空隙中流动的水蒸气,遇冷凝结成水。

(6)薄膜移动水

在土的结构中,水以薄膜的形式从含水率较高处向较低处流动,或由温度较高处向冻结中心周围流动。

上述各种导致路基湿度变化的水源,其影响程度随当地自然条件和气候特点以及所采取的工程措施不同而异。

2.3.2 大气温度及其对路基水温状况的影响

路基湿度除了水的来源之外,另一个重要因素是受当地大气温度的影响。湿度与温度变化对路基产生的共同影响,称为路基的水温状况。沿路基深度出现较大的温度梯度时,水分在温差的影响下以液态或气态由热处向冷处移动,并积聚在该处。这种现象在季节性冰冻地区尤为严重。

我国华北、东北和西北地区为季节性冰冻地区。这些地区的路基在冬季冻结的过程中会在负温度坡差的影响下,出现湿度积聚现象。气温下降到零度以下,路面和路基结构内的温度也随之由上而下地逐渐降到零下。在负温度区内,自由水、毛细水和弱结合水随温度降低而相继冻结,于是土粒周围的水膜减薄,剩余了许多自由表面能,增加了土的吸湿能力,促使水分由高温处向上移动,以补充低温处失去的部分。由试验可知,在温度下降到 -3 ℃以下时,土中未冻结的水分在负温差的影响下实际上已不可能向温度更低处移动,因此,负温度区的水分移动一般发生在 $-3 \sim 0$ ℃等温线。在正温度区内,因零度等温线附近土中自由水和毛细水的冻结,形成了与深层次土层之间的温度坡差,从而促使下面的水分向零度等温线附近移动。而这部分上移的水分便又成了负温度区水分移动的补给来源。这就造成了上层路基湿度的大量积聚。

积聚的水冻结后体积增大,使路基隆起而造成面层开裂,即冻胀现象。春暖化冻时,路面和路基结构由上而下逐渐解冻。而积聚在路基上层的水分先融解,水分难以迅速排除,造成路基上层的湿度增加,路面结构的承载能力大大降低。若是在交通繁重的地区,经重车反复作用,路基路面结构会产生较大的变形。严重时,路基土以泥浆的形式从胀裂的路面缝隙中冒出,形成了翻浆。冻胀和翻浆的出现,使路面遭受严重损坏。

当然并不是在季节性冰冻地区所有的道路都会产生冻胀与翻浆,对渗透性较高的沙类土以及渗透性很低的黏质土,水分都不容易积聚,因此,不易发生冻胀与翻浆;反之,对粉质土和极细沙,则因毛细水活动力强,极易发生冻胀与翻浆。

2.3.3 路基土的基质吸力与饱和度

采用平均稠度指标 W_C $\left(W_C = \dfrac{W_L - w}{W_L - w_p} \right)$ 作为路基湿度评价指标,虽然综合了土的塑性特性,包含了液限 w_L 与塑限 w_p,也能反映土的软硬程度,但是对塑性指数为零或接近于零的土组,土的平均稠度不能全面反映路基土的工作状态。

若土粒的相对密度 G_s 和土干密度 γ_s 已确定,根据质量含水率 w、饱和度 S 和体积含水率 θ_w 之间的相互关系,只要测定 w,S,γ_s 变量中任何一个,就可得出另外两个。如果吸湿过程或干燥过程中土样体积没有变化或者变化较小,则采用其中任何一个变量表征土体湿度状况已经足够。但是大多数情况下,土体体积随着湿度变化而变化,这样即使质量含水率不变,体积含水率和饱和度都会变化。因此,在表征湿度时,需要考虑土体密度和质量含水率两个因素,而饱和度和体积含水率均包含了含水率和密度两个参数,故可选择饱和度和体积含水率中的任一个来表征土体湿度状况。

饱和度可表示为

$$S = \frac{w_v}{1 - \dfrac{\gamma_s}{G_s \gamma_w}} \tag{2.9}$$

或

$$S = \frac{w}{1 - \dfrac{\gamma_w}{\gamma_s} - \dfrac{1}{G_s}}$$

式中 S——饱和度,%;

　　　w——土的质量含水率,%;

　　　w_v——体积含水率,%;

　　　γ_w, γ_s——土的干密度和水的密度,kg/m³;

　　　G_s——土的相对密度。

基质吸力 h_m 定义为孔隙气压力与孔隙水压力的差值,即

$$h_m = u_a - u_w \tag{2.10}$$

式中 u_a——孔隙气压力,kPa;

　　　u_w——孔隙水压力,kPa。

路面竣工后，路基在整个使用期内处于非饱和状态，其湿度状况主要由基质吸力所决定。根据土力学理论，非饱和状态土的含水率与基质吸力的关系就是土-水特性曲线，只要知道路基土的基质吸力，就可由图2.8土-水特性曲线预估路基湿度状况（饱和度）。

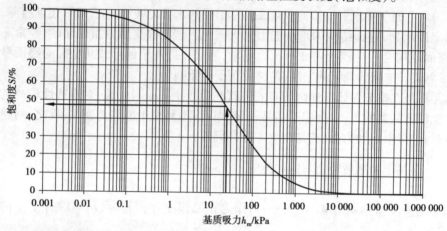

图2.8 土-水特性曲线预估含水率方法图

基质吸力主要受地下水、土组类型、气候等因素影响。表征气候因素的参数有降雨量、蒸发量、降雨天数、相对湿度、年均温度、日照时间及湿度指数 TML 等；土组表征参数主要有 P_{200} 和塑性指数 PI。

某年度湿度指数 TMI 可计算为

$$TMI = \frac{100(R) - 60(DF)}{PE} \tag{2.11}$$

式中　R——某年度净流量，cm；

　　　DF——某年度缺水量，cm；

　　　PE——某年度蒸发蒸腾总量，cm。

路基土的基质吸力预估模型为

$$\begin{cases} h_m = y \cdot \gamma_w & \text{地下水位控制的基质吸力预估模型} \\ a\left\{e^{\frac{\beta}{TMI+\gamma}} + \delta\right\} & \text{气候因素控制的基质吸力预估模型} \end{cases} \tag{2.12}$$

式中　y——计算点与地下水位之间距离，cm；

　　　γ_w——水的重度，kN；

　　　TMI——湿度指数；

　　　$\alpha,\beta,\gamma,\delta$——回归参数，与 $wPI = P_{0.075}PI$ 有关，$P_{0.075}$ 为 0.075 mm 筛的通过率，PI 为塑性指数，见表2.8。

表2.8 回归指数与塑性指数

wPI	α	β	γ	δ
0	0.300	419.07	133.45	15.0
0.5	0.300	521.50	137.30	16.0
5	0.300	663.50	142.50	17.5
10	0.300	801.00	147.60	25.0

wPI	α	β	γ	δ
20	0.300	975.00	152.50	32.0
50	0.300	1 171.20	157.50	27.8

利用预估的路基土基质吸力结合土-水特性曲线,就可预估路基土饱和度。

2.3.4 毛细水上升高度

毛细水上升的最大高度与毛细管的直径成反比。不同类型的土由于其颗粒组成的差异,形成的毛细孔径也有较大差别,因此毛细水上升的最大高度与土的类型有密切联系。

毛细水在不同土质条件下的上升高度可采用海森公式进行估算,即

$$h_0 = \frac{C}{ed_{10}} \tag{2.13}$$

式中　h_0——毛细水上升高度,m;

　　　e——土的孔隙比;

　　　d_{10}——土的有效粒径,m;

　　　C——系数,与土粒形状及表面洁净情况有关,一般取 1×10^{-5},m²。

由于影响毛细水上升高度的因素复杂,用于计算的土质物理参数往往不准确,由经验公式计算得到的毛细水上升高度与现场实测结果有时相差较大。因此,不少学者根据现场测试或室内试验的结果,对不同类型的土质,分别给出了相应的毛细水上升高度推荐值。

根据野外观测资料,针对不同土质给出了相应的毛细水上升高度推荐值,其中黏土约为6 m,沙质黏土或粉土约为 3 m,沙土约为 0.9 m。

按粒径不同,分别给出了砾石、沙和粉土的毛细水上升高度推荐值,见表 2.9。

表 2.9　不同土质毛细水上升高度

土组名称	颗粒粒径 d_{10}/mm	孔隙比 e	毛细水/cm	
			上升高度	饱和毛细水头
粗砾	0.82	0.27	5.4	6
沙砾	0.20	0.45	28.4	20
细砾	0.30	0.29	19.5	20
粉砾	0.06	0.45	106.0	68
粗沙	0.11	0.27	82	60
中沙	0.03	0.36	165.5	112
细沙	0.02	0.48 ~ 0.06	239.6	120
粉土	0.006	0.93 ~ 0.95	359.2	180

2.3.5 路基平衡湿度状况和路基平衡湿度预估方法

(1)路基平衡湿度状况

路基平衡湿度(用饱和度来表示)状况根据路基的湿度来源,可分为潮湿、中湿和干燥 3

类。路基设计时,按路基工作区深度 Z_a、路床顶面至地下水位的相对高度 h、地下水位高度 h_w、毛细水上升高度 h_0 及路基填土高度 h_t 的关系确定湿度状况类型。其示意图如图 2.9 所示。

潮湿类路基的湿度由地下水控制,即地下水或地表长期积水的水位高,路基工作区均处于地下水毛细润湿影响范围内,路基平衡湿度由地下水或地表长期积水的水位升降所控制。干燥类路基的湿度由气候因素控制,即地下水位很低,路基工作区处于地下水毛细润湿面之上,路基平衡湿度完全由气候因素所控制。中湿类路基的湿度兼受地下水和气候因素影响,即地下水位较高,路基工作区被地下水毛细润湿面分为上下两部分,下部受毛细水润湿的影响,上部则受气候因素影响。

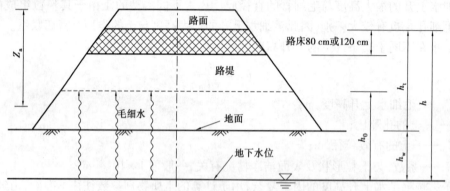

图 2.9 路基湿度划分示意图

h_t—路堤填土高度,$h_t \geqslant 0$ 时为路堤,$h_t < 0$ 为路堑;h_w—地下水位高度;

h_0—毛细水上升高度;h—路基相对高度;Z_a—路基工作区深度

潮湿类路基的平衡湿度可根据路基土组类别及地下水位高度,按表 2.10 确定距地下水位不同高度处的饱和度。

表 2.10 各路基土组距地下水位不同高度处的饱和度/%

土 组	计算点距地下水或地表长期积水水位的距离/m						
	0.3	1.0	1.5	2.0	2.5	3.0	4.0
粉土质砾 GM	69 ~ 84	55 ~ 69	50 ~ 65	49 ~ 62	45 ~ 59	43 ~ 57	—
黏土质砾 GC	79 ~ 96	64 ~ 83	64 ~ 83	64 ~ 83	64 ~ 83	64 ~ 83	—
沙 S	80 ~ 95	80 ~ 95	—	—	—	—	—
粉土质沙 SM	79 ~ 93	64 ~ 77	60 ~ 72	56 ~ 68	54 ~ 66	52 ~ 64	—
黏土质沙 SC	90 ~ 99	77 ~ 87	72 ~ 83	68 ~ 80	66 ~ 78	64 ~ 76	—
低液限粉土 ML	94 ~ 100	80 ~ 90	76 ~ 86	73 ~ 83	71 ~ 81	69 ~ 80	—
低液限黏土 CL	93 ~ 100	80 ~ 93	76 ~ 90	73 ~ 88	70 ~ 86	68 ~ 85	66 ~ 83
高液限粉土 MH	100	90 ~ 95	86 ~ 92	83 ~ 90	81 ~ 89	80 ~ 87	—
高液限黏土 CH	100	93 ~ 97	90 ~ 93	88 ~ 91	86 ~ 90	85 ~ 89	83 ~ 87

注:1. 对沙(含级配好的沙 SW、级配差的沙 SP),D_{60} 大时,平衡湿度取低值;D_{60} 小时,平衡湿度取高值。

2. 对其他含细粒的土组,通过 0.075 mm 筛的颗粒含量大和塑性指数高时,取低值;反之,取高值。

干燥类路基的平衡湿度可根据路基所在自然区划的湿度指标 TMI 和路基土组类别确定，即先根据不同自然区划由表 2.11 查取相应的 TMI 值，再按路基所在地区的 TMI 值和路基土组类别，根据表 2.12 插值得到该地区的路基饱和度。

表 2.11　不同自然区划的 TMI 值范围

区划	亚　区		TMI 范围	区划	亚　区	TMI 范围
I	I$_1$		$-8.1 \sim -5.0$	V	V$_1$	$-25.1 \sim 6.9$
	I$_2$		$-9.7 \sim 0.5$		V$_2$	$0.9 \sim 30.1$
II	II$_1$	黑龙江	$-8.1 \sim -0.1$		V$_{2a}$	$39.6 \sim 43.7$
		辽宁、吉林	$8.7 \sim 35.1$		V$_3$	$12.0 \sim 88.3$
	II$_{1a}$		$-10.8 \sim -3.6$		V$_{3a}$	$-7.6 \sim 47.2$
	II$_2$		$-12.1 \sim -7.2$		V$_4$	$-2.6 \sim 50.9$
	II$_{2a}$		$-10.6 \sim -1.2$		V$_5$	$39.8 \sim 100.6$
	II$_3$		$-26.9 \sim -9.3$		V$_{5a}$	$24.4 \sim 39.2$
	II$_4$		$-22.6 \sim -10.7$	VI	VI$_1$	$-46.3 \sim -15.3$
	II$_{4a}$		$-15.5 \sim 17.3$		VI$_{1a}$	$-47.2 \sim -40.5$
	II$_{4b}$		$-7.9 \sim 9.9$		VI$_2$	$-59.2 \sim -39.5$
	II$_5$		$-15.6 \sim -1.7$		VI$_3$	-41.6
	II$_{5a}$		$-15.6 \sim -1.0$		VI$_4$	$-57.2 \sim -19.3$
III	III$_1$		$-25.7 \sim -21.2$		VI$_{4a}$	$-37.1 \sim -34.5$
	III$_{1a}$		$-29.1 \sim -12.6$		VI$_{4b}$	$-37.2 \sim -2.6$
	III$_2$		$-17.5 \sim -9.7$	VII	VII$_1$	$-56.3 \sim -3.1$
	III$_{2a}$		-19.6		VII$_2$	$-58.1 \sim -49.4$
	III$_3$		$-26.1 \sim -19.1$		VII$_3$	$-22.5 \sim 82.8$
	III$_4$		$-24.1 \sim -10.8$		VII$_4$	$-5.7 \sim -5.1$
IV	IV$_1$		$21.8 \sim 25.1$		VII$_5$	$-20.3 \sim 91.4$
	IV$_{1a}$		23.2		VII$_{6a}$	$-25.8 \sim -10.6$
	IV$_2$		$-6.0 \sim 34.8$			
	IV$_3$		$34.3 \sim 40.4$			
	IV$_4$		$32.0 \sim 67.9$			
	IV$_5$		$45.2 \sim 89.3$			
	IV$_6$		$27.0 \sim 64.7$			
	IV$_{6a}$		$41.2 \sim 97.4$			
	IV$_7$		$16.0 \sim 69.3$			
	IV$_{7b}$		$-23.0 \sim -5.4$			

表 2.12　各路基土组在不同 TMI 值时的饱和度/%

土　组	TMI					
	−50	−30	−10	10	30	50
沙 S	20~50	25~55	27~60	30~65	32~67	35~70
粉土质沙 SM	45~48	62~68	73~80	80~86	84~89	87~90
黏土质沙 SC						
低液限粉土 ML	41~46	59~64	75~77	84~86	91~92	92~93
低液限黏土 CL	39~41	57~64	75~76	86	91	92~94
高液限粉土 MH	41~42	61~62	76~79	85~88	90~92	92~95
高液限黏土 CH	39~51	58~69	85~74	86~92	91~95	94~97

中湿类路基的平衡湿度可参照图 2.10,先分路基工作区上部和下部分别确定其平衡湿度,再以厚度加权平均计算路基的平衡湿度。地下水毛细润湿面以上的路基工作区,称为路基工作区上部,按路基土组类别和 TMI 值确定其平衡湿度;地下水毛细润湿面以下的路基工作区,称为路基工作区下部,按路基土组类别和距地下水位的距离确定其平衡湿度。

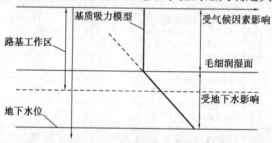

图 2.10　中湿类路基的湿度状况

(2)路基填土高度要求

路堤高度应满足下列要求:满足公路等级所对应的路基设计洪水频率及其设计洪水位;不含路面厚度的路基高度宜不小于中湿状态路基临界高度;不含路面厚度的路基高度宜不小于路基工作区深度;季节性冰冻地区,不含路面厚度的路基高度宜不小于道路冻结深度。

路堤合理高度宜可计算为

$$H_{op} = \text{MAX}\{(h_{sw} - h_0) + h_w + h_{bw} + \Delta h, h_1 + h_p, h_{wd} + h_p, h_f + h_p\} \quad (2.14)$$

式中　H_{op}——路堤合理高度,m;

　　　h_{sw}——设计洪水位,m;

　　　h_0——地面高程,m;

　　　h_w——波浪侵袭高度,m;

　　　h_{bw}——壅水高度,m;

　　　Δh——安全高度,m;

　　　h_1——中湿状态路基临界高度,m;

　　　h_p——路面厚度,m;

h_{wd}——路基工作区深度,m;

h_f——季冻区道路冻结深度,m。

2.4　路基的抗变形能力及材料参数

在车轮荷载作用下,路基路面结构的强度与刚度大小,除了路面材料的品质之外,路基的支承起着决定性的作用。路基作为路面结构的基础,它抵抗车轮荷载能力的大小,主要决定于路基顶面在一定应力级位下抵抗变形的能力。用于表征路基抗变形能力的参数有路基回弹模量、路基反应模量和加州承载比(CBR)等。

2.4.1　路基抗变形能力参数

(1)路基回弹模量(Resilient Modulus of Subgrade)

路基回弹模量能较好地反映路基所具有的部分弹性性质,因此,在以弹性半空间体地基模型表征路基的受力特性时,可用回弹模量表示路基在瞬时荷载作用下的可恢复变形性质。在我国公路水泥混凝土路面、沥青路面设计方法中,都以回弹模量 E 作为路基的刚度指标。为了模拟车轮印迹的作用,常用圆形承载板加载卸载法测定路基回弹模量。

用于测定路基回弹模量的承载板可分为柔性和刚性两种。用柔性承载板测定路基回弹模量时,路基与承载板之间的接触压力为常量(见图 2.11(a)),即

$$p(r) = \frac{P}{\pi r^2} \tag{2.15}$$

式中　$p(r)$——接触压力,MPa;

　　　　P——总压力,MN;

　　　　r——计算点离承载板中心的距离,m。

承载板的挠度 $l(r)$ 与坐标 r 有关,在承载板中心处($r=0$),即

$$l_{r=0} = \frac{2pa(1 - \mu_0^2)}{E_0} \tag{2.16}$$

式中　p——单位压力,MPa;

　　　　a——承载板半径,m;

　　　　μ_0——泊松比;

　　　　E_0——路基回弹模量,MPa。

在柔性承载板边缘处($r=a$),其挠度可计算为

$$l_{r=a} = \frac{4pa(1 - \mu_0^2)}{\pi E_0} \tag{2.17}$$

因此,当测得承载板中心或边缘处的挠度之后,假如路基土的泊松比 μ_0 为已知值,那么可通过式(2.16)或式(2.17)反算得到路基回弹模量 E_0 值。

用刚性承载板测定路基回弹模量时,承载板下路基顶面的挠度为等值,不随坐标 r 而变化。但是,板底接触压力则随 r 值而变化,呈鞍形分布,如图 2.11(b)所示。其挠度 l 值和接触压力 $p(r)$ 值可分别计算为

$$l = \frac{2pa(1 - \mu_0^2)}{E_0} \cdot \frac{\pi}{4} \tag{2.18}$$

$$p(r) = \frac{1}{2} \frac{pa}{\sqrt{a^2 - r^2}} \tag{2.19}$$

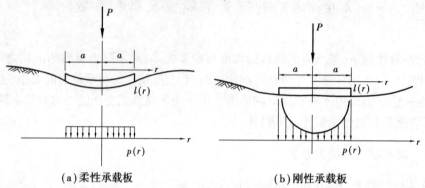

(a)柔性承载板　　　　　　　　　(b)刚性承载板

图 2.11　路基在圆形承载板下的压力与挠度分布曲线

测得刚性承载板的挠度后,即可按式(2.18)反算路基回弹模量值 E_0。在实际测定中,刚性承载板用得较多,因为它的挠度较易量测,压力较易控制。承载板直径通常采用标准车辆轮印当量圆直径。测定时,宜采用逐级加载-卸载法,每级增加 0.05 MPa,待卸载稳定 1 min 后读取回弹弯沉值,再加下一级荷载。回弹弯沉值超过 1 mm 时,则停止加载。如此,即可绘出荷载-总弯沉和回弹弯沉曲线,如图 2.12 所示。

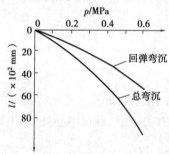

图 2.12　荷载-总弯沉和回弹弯沉曲线

在多数情况下,试验曲线呈非线性。在确定模量时,可根据实际可能出现的最大压应力级位,或可能出现的最大弯沉范围,在曲线上选取合适的量值并进行计算,即

$$E_0 = \frac{\pi a}{2}(1 - \mu_0^2) \cdot \frac{\sum_{p_i}}{\sum_{l_i}} \tag{2.20}$$

式中　E_0——路基回弹模量,MPa;

　　　μ_0——泊松比;

　　　p_i, l_i——各级荷载的单位压力(MPa)和对应的实际回弹弯沉(m),$l_i \leqslant 1$ mm;

　　　a——承载板半径,m。

承载板直径的大小对测定结果也有影响,通常用车轮的轮印当量圆直径作为承载板的直径。但是,对刚性路面下的土基,有时采用较大直径承载板进行测定,因为荷载通过刚性路面板施加于地基表面的压力范围比柔性路面大。

（2）路基土动态回弹模量标准试验方法

路面结构在车辆重复荷载作用下所产生的变形可分为两部分：可恢复的回弹变形和不可恢复的塑性变形。路基土回弹模量是荷载应力与回弹应变的比值，而路基土动态回弹模量是施加于试件的重复应力峰值与试件相应方向回弹应变峰值之比。由于重复应力峰值与回弹应变峰值并不同步，因此，动态回弹模量是个近似意义上的概念。

路基土动态回弹模量标准试验，现场取土应采用薄壁试管取样。对最大粒径大于 19 mm 的路基土与粒料，应筛除大于 26.5 mm 的颗粒，采用振动或冲击压实成型，试件尺寸应符合直径 150 + 2 mm、高 300 + 2 mm 的要求。对最大粒径不超过 9.5 mm，且 0.075 mm 号筛通过百分率小于 10% 的路基土，应采用振动压实成型；对最大粒径不超过 9.5 mm，且 0.075 mm 号筛通过百分率不小于 10% 的路基土，应采用冲击或静压压实成型，试件尺寸都应符合直径 100 + 2 mm、高 200 + 2 mm 的要求。室内压实成型试件含水率应符合目标含水率值的 ±0.5%，压实密度应符合目标压实密度值的 ±1.0%，并在试件上套装橡皮膜，确保密封不透气。

首先对试件施加 30.0 kPa 预载围压，并对试件施加至少 1 000 次、最大轴向应力为 66.0 kPa 的半正矢脉冲荷载，要求试件总的垂直永久应变小于 5%。然后调整围压和半正矢脉冲荷载至目标设定值，以 10 Hz 的频率重复加载 100 次。试验采集最后 5 个波形的荷载及变形曲线，记录并计算试验施加荷载、试件轴向可恢复变形、动态回弹模量。加载过程中，若试件总的垂直永久应变超过 5%，应停止试验并记录结果。

①应力幅值可计算为

$$\sigma_0 = \frac{P_i}{A} \tag{2.21}$$

式中　σ_0——轴向应力幅值，MPa；

　　　P_i——最后 5 次加载循环中轴向试验荷载平均幅值，N；

　　　A——试件径向横截面面积（可取试件上下端面面积均值），mm^2。

②应变幅值可计算为

$$\varepsilon_0 = \frac{\Delta_i}{l_0} \tag{2.22}$$

式中　ε_0——可恢复轴向应变幅值，mm/mm；

　　　Δ_i——最后 5 次加载循环中可恢复轴向变形平均幅值，mm；

　　　l_0——位移传感器的量测间距，mm。

③动态回弹模量可计算为

$$M_R = \frac{\sigma_0}{\varepsilon_0} \tag{2.23}$$

式中　M_R——路基土或粒料的动态回弹模量，MPa。

（3）路基反应模量（Reaction Modulus of Subgrade）

用温克勒（E. Winkler）路基模型描述路基工作状态时，用路基反应模量 K 表征路基的抗变形能力。根据温克勒地基假定，路基顶面任一点的弯沉 l，仅同作用于该点的垂直压力 p 成正比，而与其相邻点处的压力无关。符合这一假定的路基如同由许多各不相连的弹簧所组成（见图 2.13）。压力 p 与弯沉 l 之比，称为路基反应模量 K，即

$$K = \frac{p}{l} \qquad (2.24)$$

式中 K——路基反应模量,MPa/m 或 MN/m³;

  p——单位压力,MPa;

  l——加载时的总弯沉值,m。

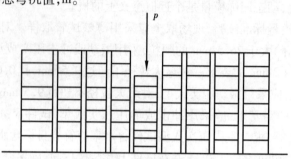

图 2.13 温克勒地基模型

温克勒地基又称稠密液体地基。路基反应模量 K 值相当于该液体的相对密度,路面板受到的路基反力相当于液体产生的浮力。

路基反应模量 K 值用承载板试验确定。承载板直径的大小对 K 值有一定影响,直径越小,K 值越大。由试验得知,当承载板直径大于 76 cm 时,K 值的变化很小,如图 2.14 所示。因此,规定以直径为 76 cm 的承载板为标准。承载板试验测定方法与回弹模量测定方法相类似,但是,采取一次加载到位的方法,施加荷载的量值根据不同的工程对象有两种方法供选用。当路基较为软弱时,用 0.127 cm 的弯沉量控制承载板的荷载,因为通常情况下混凝土路面板的弯沉不会超出这一范围。假如路基较为坚实,弯沉值难以达到 0.127 cm,则采用以单位压力 $p = 70$ kPa 控制承载板的荷载。这是考虑混凝土路面下路基承受的压力通常不会超过这一范围。

当采用直径为 30 cm 的承载板测定时,可修正为

$$K_{76} = 0.4K_{30} \qquad (2.25)$$

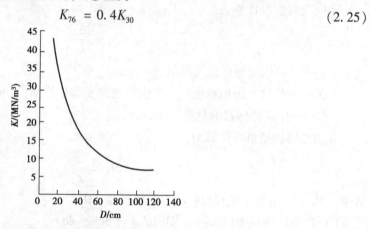

图 2.14 路基反应模量 K 同承载板直径 D 的关系

按上述方法确定的 K 值是一定荷载或弯沉条件下的荷载应力与总弯沉之比,其中包含回弹弯沉和残余弯沉。如果只考虑回弹弯沉,则可得到路基回弹反应模量 K_R,通常 K_R 与总弯沉对应的路基反应模量 K 之间的关系为

$$K_R = 1.77K \qquad (2.26)$$

（4）加州承载比（CBR-California Bearing Ratio）

加州承载比是早年由美国加利福尼亚州（California）提出的一种评定路基及路面材料抗变形能力的指标。抗变形能力以材料抵抗局部荷载压入的能力表征，并以高质量标准碎石为标准，以它们的相对比值表示 CBR 值。

试验时，用一个端部面积为 19.35 cm^2 的标准压头，以 0.127 cm/min 的速度压入土中。记录每贯入 0.254 cm 时的单位压力，直至压入深度达到 1.27 cm 时为止。标准压力值是用高质量标准碎石由试验求得，其值见表 2.14。CBR 值可计算为

$$CBR = \frac{P}{P_s} \times 100\% \qquad (2.27)$$

式中　p——对应于某一贯入深度的荷载单位压力，kPa；

　　　P_s——相应贯入深度的标准压力，kPa，见表 2.13。

表 2.13　相应贯入深度与相应的标准压力

贯入值/cm	0.254	0.508	0.762	1.016	1.270
标准压力 p_s/kPa	7 030	10 550	13 360	16 170	18 230

计算 CBR 值时，取贯入深度为 0.254 cm，但是当贯入深度为 0.254 cm 时的 CBR 值小于贯入深度为 0.508 cm 时的 CBR 值时，应以后者为准。

CBR 试验设备有室内试验与室外试验两种。室内用 CBR 试验装置如图 2.15 所示。试件按路基施工时的含水率及压实度要求在试筒内制备，并在加载前浸泡在水中，饱水 4 d。为了模拟路面结构对路基的附加压力，在浸水过程中，以及压入试验时，在试件顶面施加环形砝码，其重力应根据预计的路面结构重力来确定。

CBR 值野外试验方法基本上与室内试验相同，但其压入试验直接在路基顶面进行。有时，野外试验结果与室内试验结果不完全相同，这主要是由于土的含水率不一样，室内试验时，试件处于饱水状态；野外试验时，路基处于施工时的湿度状态。因此，对野外试验结果必须加以修正，换算成饱水状态的 CBR 值。表 2.14 所列为常用路基土的 CBR 值。

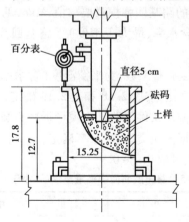

图 2.15　CBR 室内试验装置（单位：cm）

表2.14　常用路基土的 CBR 值

土　类	CBR/%
级配良好的砾石,砾石-沙混合料	60~80
级配差的砾石,砾石-沙混合料	35~60
均匀颗粒的砾石和沙质砾石 粉质砾石,砾石-沙-粉土混合料	40~80
黏土质砾石,砾石-沙-黏土混合料; 级配良好的沙,砾石质沙;粉质沙,沙-粉土混合料	20~40
级配差的沙或沙石质沙	15~25
黏土质沙,石沙-黏土混合料	10~20
粉土,沙质粉土,砾石质粉土;贫黏土,沙质黏土,砾石质黏土,粉质黏土	5~15
无机质粉土,贫有机质黏土,云母质黏土或硅藻土	4~8
有机质黏土,肥黏土,有机质粉土	3~5

(5)路基模量参数及路基材料 CBR 要求

我国现场测定路基土回弹模量时,采用直径 30.4 cm 的刚性承载板用加载卸载的试验方法由式(2.20)确定;室内测定路基土和粒料回弹模量,则采用动三轴试验由式(2.23)确定。

新建公路路基设计以路床顶面回弹模量为设计指标,以路床顶面竖向压应变为验算指标。路面结构设计的路基回弹模量设计值 E_0 应符合下列规定:路基在平衡湿度状态下,路床顶面的回弹模量应不低于现行《公路沥青路面设计规范》(JTG D50—2017)和《公路水泥混凝土路面设计规范》(JTG D40—2011)的有关规定。沥青路面路床顶面竖向压应变的计算值应满足沥青面永久变形的控制要求;水泥混凝土路面路床顶面竖向压应变可不作控制,则

$$E_0 = K_s \cdot K_\eta \cdot M_R \tag{2.28}$$
$$E_0 \geqslant [E_0] \tag{2.29}$$

式中　E_0——路基回弹模量设计值,MPa;

$[E_0]$——路面结构设计的路基回弹模量要求值,MPa,见表2.15;

M_R——标准状态(最佳含水率、最大干密度)下路基回弹模量值,MPa,按表2.16和表2.17确定;

K_s——路基回弹模量湿度调整系数,为平衡湿度(含水率)状态下的回弹模量与标准状态下的回弹模量之比,按表2.18和表2.19确定;

K_η——干湿循环或冻融循环条件下路基土模量折减系数,通过试验确定;初步设计时,非冰冻地区可根据土质类型、失水率确定,季节性冰冻区可根据冻结温度、含水率确定,折减系数可取 0.7~0.9。

表2.15　路床顶面回弹模量要求(不小于)/MPa

交通荷载等级	极重	特重	中等、重	轻交通
沥青混凝土路面	120	90	60	40
水泥混凝土路面	80	60	40	

表 2.16 标准状态下路基土回弹模量参考值

土　组	取值范围/MPa
砾 G	110 ~ 135
含细粒土砾 GF	100 ~ 130
粉土后砾 GM	100 ~ 125
黏土质砾 GC	95 ~ 120
沙 S	95 ~ 125
含细粒土沙 SF	80 ~ 115
粉土质沙 SM	65 ~ 95
黏土质沙 SC	60 ~ 90
低液限粉土 ML	50 ~ 90
低液限黏土 CL	50 ~ 85
高液限粉土 MH	30 ~ 70
高液限黏土 CH	20 ~ 50

注:1. 对砾和沙,D60(通过率为 60% 时的颗粒粒径)大时,模量取高值;D60 小时,模量取低值。

2. 对其他含细粒的土组,小于 0.075 mm 颗粒含量大和塑性指数高时,模量取低值;反之,模量取高值。

3. 同等条件下,轻、中等及重交通荷载时,路基土回弹模量取较小值;特重、极重交通条件下,取较大值。

表 2.17 标准状态下粒料回弹模量参考值

粒料类型	取值范围/MPa
级配碎石	180 ~ 400
未筛分碎石	180 ~ 220
级配砾石	150 ~ 300
天然沙砾	100 ~ 140

注:1. 对砾和沙,D60 大时,调整系数取高值;D60 小时,调整系数取低值。

2. 对其他含细粒的土组,小于 0.075 mm 颗粒含量大和塑性指数高时,调整系数取低值;反之,调整系数取高值。

表 2.18 潮湿类(地下水控制类)路基的回弹模量湿度掉正系数 K_s

土质类型	沙	细粒土质沙	粉质土	黏质土
路基工作区顶面	0.8 ~ 0.9	0.5 ~ 0.6	0.5 ~ 0.7	0.6 ~ 1.0
路基工作面底面	0.5 ~ 0.6	0.4 ~ 0.5	0.4 ~ 0.6	0.5 ~ 0.9

表 2.19 干燥类路基(气候因素控制类)的回弹模量湿度调整系数 K_s

土　组	TMI				
	− 50	− 30	− 10	10	30
沙 S	1.30 ~ 1.84	1.14 ~ 1.80	1.02 ~ 1.77	0.93 ~ 1.73	0.86 ~ 1.69
粉土质沙 SM	1.59 ~ 1.65	1.10 ~ 1.26	0.83 ~ 0.97	0.73 ~ 0.83	0.70 ~ 0.76
黏土质沙 SC					

续表

土 组	TMI				
	-50	-30	-10	10	30
低液限粉土 ML	1.35 ~ 1.55	1.01 ~ 1.23	0.76 ~ 0.96	0.58 ~ 0.77	0.51 ~ 0.65
低液限黏土	1.22 ~ 1.71	0.73 ~ 1.5	0.57 ~ 1.24	0.51 ~ 1.02	0.49 ~ 0.88

标准状态下,路基回弹模量值应综合考虑公路等级和设计阶段,根据路床深度范围内路基土(或粒料)的回弹模量,按下列方法确定:路基土及粒料的回弹模量应根据路基结构应力水平,采用重复加载三轴压缩试验方法,通过试验获得。当受试验条件限制时,可按土组类别或粒料类型由表2.16和表2.17查取回弹模量参考值。初步设计阶段,也可参照式(2.30)、式(2.31)由路基土或粒料的 CBR 值(%)估算标准状态下路基土或粒料的回弹模量值,即

$$M_R = 17.6CBR^{0.64} (2 < CBR \leq 12) \qquad (2.30)$$

$$M_R = 22.1CBR^{0.55} (12 < CBR < 80) \qquad (2.31)$$

新建公路路基可根据路基相对高度、路基土组类别及其毛细水上升高度,确定路基干湿类型,预估路基结构的平衡湿度。对潮湿类(地下水控制类)路基的回弹模量湿度调整系数 K_s 可参照表2.18查取;对干燥类(气候因素控制类)路基的回弹模量湿度调整系数 K_s 可参照表2.19查取;对中湿类(兼受地下水和气候因素影响类)路基的回弹模量湿度调整系数 K_s,可按路基工作区内两类温度来源的上部和下部分别确定其湿度调整系数,并以路基工作区上下部分的厚度加权计算路基总的回弹模量湿度调整系数。

我国《公路路基设计规范》(JTG D30—2015)和《公路路基施工技术规范》(JTG F10)对路基土作为路基填料的CBR提出了最低值要求(见表2.8)。

当路基结构的填料CBR、路床顶面回弹模量和竖向压应变、路基湿度状态等不能满足要求时,应根据气候、土质、地下水赋存和料源等条件,经技术经济比选后,采取换填、处治、排水及加筋等措施。换填可选用粗粒土、粒料或低剂量无机结合料稳定土等,并合理确定换填深度;细粒土处治可采用物理处治或化学处治。物理处治可采用沙、砾石和碎石等进行掺和;化学处治可采用石灰、水泥和粉煤灰等无机结合料进行稳定或综合稳定。细粒土路基的处治设计应通过相关物理力学试验,确定处治材料及其掺量、处治后的路基性能指标等。水文地质条件不良的土质挖方路基或者潮湿状态填方路基,应采取设置排水垫层、毛细水隔离层和地下排水渗沟(或盲沟)等措施。冰冻区各级公路的中湿、潮湿路段,应结合路面结构进行路基结构的防冻验算。必要时,应对路基结构设置防冻垫层或保温层。

2.4.2 路基材料参数

为确定合理的边坡坡度,进行路基稳定性分析时,需要试验确定相应参数。《公路路基设计规范》(JTG D30—2015)规定,一般路堤、高路堤、陡坡路堤、深路堑等边坡稳定性分析的强度参数应根据填料来源、场地情况及分析工况的需要,选择有代表性的土样进行室内试验,并结合现场情况确定。试验方法应符合下列要求:

①路基填土的强度参数黏聚力 c 和内摩擦角 φ 值,可采用直剪快剪或三轴不排水剪试验

获得。不同工况下试样制备要求见表 2.20。当路基填料为粗粒土或填石料时,应采用大型三轴试验仪或大型直剪试验仪进行试验。

表 2.20　路堤填土强度参数试验试样制备要求

分析工况	试样要求	适用范围
正常工况	采用填筑含水率和填筑密度;当难以获得填筑含水率和填筑密度时,或进行初步稳定分析时,密度采用要求达到的密度,含水率采用击实曲线上要求密度对应的较大含水率	用于新建路堤
	取路基原状土	用于已建路堤
非正常工况Ⅰ	同正常工况试样要求,但要预先饱和	用于降雨入渗影响范围内的填土
非正常工况Ⅱ	同正常工况试样要求	—

注:1. 正常工况:路基投入运营后经常发生或持续时间长的工况。

　　2. 非正常工况Ⅰ:路基处于暴雨或连续降雨状态下的工况。

　　3. 非正常工况Ⅱ:路基遭遇地震等荷载作用的工况。

②路基土的强度参数 c,φ 值,宜采用直剪固结快剪或三轴固结不排水剪试验获得。

③分析高路堤沿斜坡地基或软弱层带滑动的稳定性时,应结合场地条件,选择控制性层面的土层试验获得强度参数 c,φ 值。可采用直剪快剪或三轴不固结不排水剪试验。当存在地下水影响时,应采用饱水试件进行试验。

④分析岩体边坡时,岩体和结构面抗剪强度指标宜根据现场原位试验确定。试验应符合现行国家标准《工程岩体试验方法标准》(GB/T 50266—2013)的规定。当无条件进行试验时,可采用现行《工程岩体分级标准》(GB/T 50218—2014)、表 2.21 和反分析等方法综合确定。岩体结构面的结合程度可按表 2.22 确定。边坡岩体性能指标标准值可按地区经验确定。重要边坡应通过试验确定。岩体内摩擦角可由岩块内摩擦角标准值按岩体裂隙发育程度与表 2.23 所列的折减系数的乘积确定。

表 2.21　结构面抗剪强度指标标准值

结构面类型		结构面结合程度	内摩擦角 $\varphi/(°)$	黏聚力 c/MPa
硬性结构面	1	结合好	>35	>0.13
	2	结合一般	35~27	0.13~0.09
	3	结合差	27~18	0.09~0.05
软弱结构面	4	结合很差	18~12	0.05~0.02
	5	结合极差(泥化层)	根据地区经验确定	

注:1. 表中数值已考虑结构面的时间效应。

　　2. 极软岩、软岩取表中低值。

　　3. 岩体结构面连通性差时,取表中的高值。

　　4. 岩体结构面浸水时,取表中的低值。

表 2.22 结构面的结合程度

结合程度	结构面特征
结合好	张开度小于 1 mm,胶结良好,无充填;张开度 1～3 mm,硅质或铁质胶结
结合一般	张开度 1～3 mm,钙质胶结;张开度大于 3 mm,表面粗糙,钙质胶结
结合差	张开度 1～3 mm,表面平直,无胶结;张开度大于 3 mm,岩屑充填或岩屑夹泥质充填
结合很差、结合极差(泥化层)	表面平直光滑,无胶结;泥质充填或泥夹岩屑充填,充填物厚度大于起伏差;分布连续的泥化夹层;未胶结的或强风化的小型断层破碎带

表 2.23 边坡岩体内摩擦角折减系数

边坡岩体特性	内摩擦角的折减系数	边坡岩体特性	内摩擦角的折减系数
裂隙不发育	0.90～0.95	裂隙发育	0.80～0.85
裂隙较发育	0.85～0.90	碎裂结构	0.75～0.80

⑤粉煤灰等其他路基填筑材料应通过试验确定其黏聚力 c 和内摩擦角 φ 值,同时应通过试验确定其他材料参数,满足材料选用要求。

第**3**章
一般路基设计

3.1 路基典型横断面与一般路基设计

3.1.1 路基典型横断面

（1）路堤

路堤是指全部用岩土填筑而成的路基,按填土高度不同,可划分为矮路堤、高路堤和一般路堤。填土高度小于 1.5 m 的路堤,属于矮路堤;填土高度大于 18 m(土质)或 20 m(石质)的路堤,属于高路堤;填土高度为 1.5～18 m 的路堤,属于一般路堤。根据路堤所处环境条件和加固类型的不同,还有浸水路堤、护脚路堤和挖沟填筑路堤等形式。如图 3.1 所示为常见的路堤断面形式。

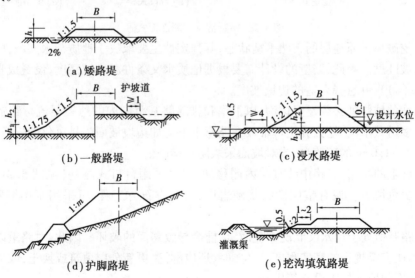

（a）矮路堤

（b）一般路堤

（c）浸水路堤

（d）护脚路堤

（e）挖沟填筑路堤

图 3.1 常见的路堤断面形式(单位:m)

矮路堤通常在地形平坦地区取土困难时选用。由于平坦地区地势低,水文条件较差,易受地下水和地表水的影响。因此,设计时,应满足最小填土高度的要求,力求不低于干燥或中湿状态的路基临界高度,并在路基的两侧设置边沟。由于矮路堤高度通常接近或小于路基工作区的深度。因此,施工中,除填土自身要满足规定的压实度要求外,天然地面也应进行压实,达到规定的压实度。必要时,需采取清除基底、换土,设置隔离层,以及排除地下水或降低地下水位等措施,以保证路基、路面的强度和稳定性。

填方高度不大的一般路堤,高度为 2～3 m 时,填方数量较少,全部填方或部分填方可在公路两侧设置取土坑,并与排水沟渠结合。为保护填方坡脚不受流水侵蚀,保证边坡稳定,可在坡脚与填方之间预留 1～2 m,甚至 4 m 以上宽度的护坡道(见图 3.1(b))。地面横坡较陡时,为防止填方路堤沿山坡滑动,应将天然地面挖成台阶,或设置石砌护脚(见图 3.1(d))。

高路堤的填方数量大,占地多,为使路基稳定和断面经济合理,需进行个别设计。高路堤和浸水路堤的边坡可采用上陡下缓的折线式(见图 3.1(b))或台阶形式,如在边坡中部设置护坡道。为防止水流侵蚀和冲刷坡面,高路堤和浸水路堤的边坡需采取适当的坡面防护和加固措施。

(2)路堑

路堑是指全部在原地面开挖而成的路堤。常见的断面形式有全挖式、台口式和半山洞 3 种,如图 3.2 所示。

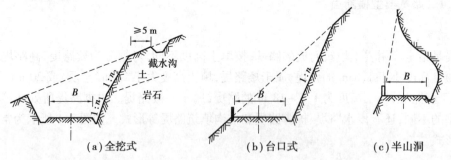

(a)全挖式　　　　　(b)台口式　　　　　(c)半山洞

图 3.2　路堑常见的断面形式

路堑开挖破坏了原地层的天然平衡状态,其稳定性主要取决于地质与水文条件,以及边坡的高度和边坡陡度。因此,路堑的设计需要根据地质水文条件和边坡高度,设置成直线或折线形(见图 3.2(a)),并选择合适的边坡坡度。

挖方边坡的坡脚处必须设置边沟,以汇集和排除路基范围内的地表径流。路堑的上方应设置一道或多道截水沟,挖方弃土可堆放在路堑下方。如边坡坡面为易风化的岩石,则应在坡脚处设置 0.5～1.0 m 的碎落台,或对坡面采取防护措施。

陡峻山坡上的半路堑,路中线宜向内侧移动,尽量采用台口式路基(见图 3.2(b)),避免路基外侧的少量填方。遇有整体性的坚硬岩层,为节省石方工程,可采用半山洞路基(见图 3.2(c))。

当挖方路基所处土层水文状况不良时,可能会导致路面的破坏。因此,对路堑以下的天然地基,要人工压实至规定的密实程度。必要时,还应翻挖、更新分层填筑或换土,或采取加铺隔离层、设置必要的地下排水设施等措施。

（3）半填半挖路基

当原地面横坡较大且路基较宽时，路基的一侧需要填筑，另一侧需要开挖。这种由部分填筑和部分开挖后而形成的路基，称为半填半挖路基，也称填挖结合路基。在丘陵或山岭地区的路线上，半填半挖路基是路基横断面的主要形式。

如图 3.3 所示为半填半挖路基常见的横断面形式。

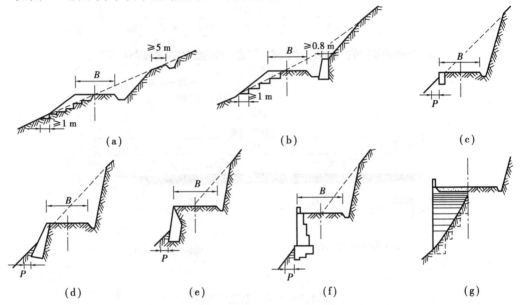

图 3.3　半填半挖路基常见的横断面形式

位于山坡上的路基，通常取路中心的标高接近原地面的标高，以减少土石方数量，避免高填深挖和保持土石方数量的横向填挖平衡。若处理得当，路基稳定可靠，是比较经济的路基横断面形式。

半填半挖路基兼有路堤和路堑两者的特点，因此，均应满足前述路堤和路堑的设计要求。填方部分的原地面横坡陡于 1∶5 时，土质应挖台阶或石质应凿毛（见图 3.3（a））。

填方部分的局部路段，如遇原地面的短缺口，可采用石砌护肩。如填方量较大，可就近利用废石方砌筑护坡或护墙。石砌护坡和护墙相当于简易式挡土墙，承受一定的侧向压力。有时，为了保证路基的稳定，压缩用地宽度，可在填方部分设置路肩（或路堤）式挡土墙。石砌护肩、护坡与护墙以及挡土墙等路基形式如图 3.3（e）、（f）所示。如果填方部分悬空，而纵向又有适当的基岩，则可沿路基纵向建成半山桥路基（见图 3.3（g））。

3.1.2　一般路基设计

路基由宽度、高度和边坡坡度构成。路基宽度取决于公路技术等级；路基高度（包括路中心线的填挖深度、路基两侧的边坡高度）取决于路线的纵坡设计及地形；路基边坡坡度取决于土质、地质构造、水文条件及边坡高度，并由边坡稳定性和横断面经济性等因素确定。路基宽度、高度和边坡坡度是路基设计的基本要素。路基的边坡坡度以及相应的防护、加固措施是路基设计的基本内容。

（1）路基宽度

路基宽度为路面及两侧路肩宽度之和。由于技术等级及具体要求的不同，除路面和路肩外,必要时还应包括分隔带路缘带、变速车道、爬坡车道、慢行车道或路用设施(如护栏、照明、绿化)等可能占用的宽度。技术等级高的公路(如高速公路和一级公路),路基宽度内还需设置中央带(由中央分隔带加相邻两侧路线带组成)。路基宽度组成如图3.4所示。路面供机动车行驶,两侧路肩可保护路面稳定,并兼供错车、临时停车及行人和非机动车通行。路面宽度根据设计通行能力及交通量大小而定,一般每个行车道宽度为3.50~3.75 m。

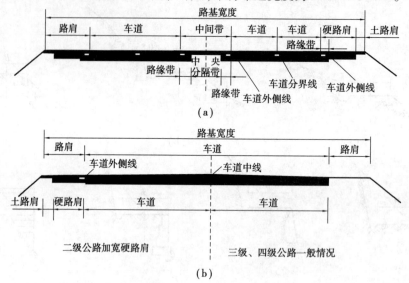

图3.4 公路路基宽度组成

路肩宽度由公路等级和交通情况而定,最小宽度为0.5 m。城镇近郊行人与非机动车较集中,路肩宽度应尽可能增大,一般取1~3 m,并铺筑硬质面层,以保证路面行车不受干扰。各级公路路基宽度按《公路工程技术标准》(JTG B01—2014)的规定进行设计,见表3.1。

表3.1 公路路基宽度

公路等级		高速公路、一级公路								
设计车速/(km·h⁻¹)		120			100			80		60
车道数		8	6	4	8	6	4	6	4	4
路基宽度	一般值	45.00	34.50	28.00	44.00	33.50	26.00	32.00	24.50	23.00
	最小值	42.00	—	26.00	41.00	24.50	—	21.50	20.00	
公路等级		二级公路、三级公路、四级公路								
设计车速/(km·h⁻¹)		80	60	40	30		20			
车道数		2	2	2	2		2 或 1			
路基宽度/m	一般值	12.00	10.00	8.50	7.50		6.50 (双车道)		4.50 (单车道)	
	最小值	10.00	8.50							

注:1."一般值"为正常情况下采用值;"最小值"为条件受限制时采用的值。

2.8车道高速公路路基宽度,"一般值"为设置左侧硬路肩、内侧车道采用3.50 m时的宽度;8车道高速公路路基宽度,"最小值"为不设置左侧硬路肩、内侧车道采用3.75 m时的宽度。

（2）路基高度

路基高度是指路基设计标高与路中线原地面标高之差，也称施工高度，即路堤的填筑厚度或路堑的开挖深度。路基设计标高，无中央分隔带的公路，以路基边缘高度为准，即路基边缘的标高；有中央分隔带的公路，应为中央分隔带外侧边缘的高度；在设置超高加宽路段，应为设置超高加宽前的路基边缘高度。边坡高度是指填方坡脚或挖方坡顶标高与路基设计标高之差。当原地面平坦时，路基高度与边坡高度相等；在山坡地面，两者不等，两侧边坡高度也不相等。

路基高度由路线纵坡设计确定。设计时，要综合考虑地形、地质、地貌及水文等自然条件，桥涵等构造物与交叉口的控制高度，纵向坡度的平顺，土石方工程数量的平衡，以及路基的强度与稳定性等因素，得出合理的路基高度。

深路堑挖方工程量大，施工面狭窄，行车条件差，边坡稳定性差。高填方占地面积大，工程量集中，往往同桥涵等人工构造物连成一体，受水的侵蚀和冲刷较严重。因此，从路基稳定性出发，在填挖量较大的路段，要认真考虑路基的高填与深挖的可行性，并进行单独设计。

路堤的最小填筑高度应根据临界高度，并结合沿线具体条件和排水及防护措施，按照公路等级及有关的规定确定，一般应保证路基处于干燥或中湿状态。

沿河及受水浸淹的路基，其高度一般应根据《公路工程技术标准》（JTG B01—2014）所规定的设计洪水频率（见表3.2）求得设计水位，再增加0.5 m的安全高度；如果河道因路堤而压缩河床使上游有壅水，或河面宽阔而有风浪，则应增加壅水的高度和波浪冲上路堤的高度。沿河浸水路堤的高度应高出上述各值之和，以保证路基不致被淹没，并据此进行路基的防护与加固。

表3.2　路基设计洪水频率

公路等级	高速公路	一级公路	二级公路	三级公路	四级公路
洪水设计频率	1/100	1/100	1/50	1/25	按具体情况确定

（3）路基边坡坡度

路基边坡坡度对路基稳定十分重要。确定路基边坡坡度是路基设计的重要任务。公路路基边坡的坡度用边坡高度 H 与边坡宽度 B 的比值表示，并取 $H=1$。如图3.5所示，$H:B=1:0.5$（路堑边坡）或 $1:1.5$（路堤边坡），一般用 $1:n$（路堑）或 $1:m$（路堤）表示坡度，称为边坡坡度。

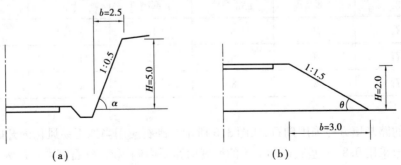

图3.5　路基边坡示意图（单位：m）

　　路基的边坡关系路基的稳定和工程投资,尤其是陡坡地段的路堤及较深路堑的挖方边坡,不仅工程量大,施工难度高,而且是路堑稳定性的关键。如果地质、水文条件较差,往往病害严重,持续年限很长,在水作用下导致边坡坍塌破坏,影响道路的正常运营。因此,确定路基边坡坡度,对路基稳定和断面经济至关重要,故在设计时,要全面考虑,力求合理。

1)路堤边坡

　　路堤边坡坡度与路堤填料和边坡高度有关。根据路堤填料不同,可分为土质和石质两种情况。

①土质路堤边坡

　　路堤边坡的形式和坡度应根据填料的物理力学性质、边坡高度和工程地质条件确定。一般填土路堤边坡,其坡度可按表3.3取值。当边坡高度超过表3.4的高度时,为高路堤,应进行个别设计。

表3.3　一般填土路堤边坡坡度

填料类别	边坡坡度	
	上部高度($H \leqslant 8$ m)	下部高度($H \leqslant 12$ m)
细粒土	1:1.5	1:1.75
粗粒土	1:1.5	1:1.75
巨粒土	1:1.3	1:1.5

　　对浸水路堤,设计水位以下部分根据填料情况,边坡坡度采用1:1.75~1:2,在常水位以下部分可采用1:2~1:3,并根据水流情况采取加固措施。

②石质路堤边坡

　　当公路沿线有大量天然石料或开挖路堑的废石方时,可用来填筑路堤,填石路堤应由不易风化的较大(大于25 cm)石块砌筑,边坡坡度一般可用1:10;当采用易风化的岩石填筑路堤时,边坡坡度应按风化后的土质边坡设计。当路堤基底条件良好时,填石路堤边坡坡度可参考表3.4。

表3.4　填石路堤边坡坡度

填石料种类	边坡高度/m			边坡坡度	
	全部高度	上部高度	下部高度	上部	下部
硬质岩石	20	8	12	1:1.1	1:1.3
中硬岩石	20	8	12	1:1.3	1:1.5
软质岩石	20	8	12	1:1.5	1:1.75

　　陡坡上的路基填方可采用砌石,如图3.6所示。砌石应用当地不易风化的开山片石砌筑。砌石顶宽一律采用0.8 m,基底以1:1.5的坡度向路基内侧倾斜,砌石高度一般为2~15 m,墙的内外坡度依砌石高度按表3.5选定。

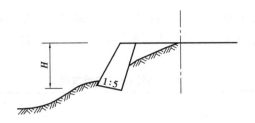

图 3.6　砌石护坡

表 3.5　砌石边坡坡度

序号	高度/m	内坡坡度	外坡坡度
1	≤5	1:0.3	1:0.5
2	≤10	1:0.5	1:0.67
3	≤15	1:0.6	1:0.75

在地震地区,应参照《公路工程抗震设计规范》(JTJ 004—89)的有关规定,对高速公路和一级公路的路堤,边坡高度大于表 3.6 的规定时,应放缓边坡。

表 3.6　地震区路堤高度限值/m

填　料	地震烈度	
	8	9
岩块和细粒土(粉性土和有机质土除外)	15	10
粗粒土(细沙、极细沙除外)	6	3

2)路堑边坡

路堑是在天然地面上开挖后形成的路基结构形式。其边坡坡度与边坡的高度、坡体土石性质、地质构造特征、岩石的风化和破碎程度、地面水和地下水等因素有关。

①土质路堑边坡

土质(包括粗粒土)路堑边坡应根据边坡高度、土的密实程度、地下水和地面水情况、土的成因及生成时代等因素确定。一般情况下,具有一定黏性土质的挖方边坡坡度,取值为 1:0.75 ~ 1:1.5;个别情况下,可放缓至 1:1.75。不同高度、不同密实程度的土质挖方边坡坡度可参照表 3.7。

表 3.7　土质挖方边坡坡度

土的类别		边坡坡度
黏土、粉质黏土、塑性指数大于 3 的粉土		1:1
中密以上的中沙、粗沙、砾沙		1:1.5
卵石土、碎石土、圆砾土、角砾土	胶结和密实	1:0.75
	中密	1:1

②岩石路堑边坡

一般根据地质构造与岩石特性,对照相似工程的成功经验,选定边坡坡度。工程地质与水文地质条件、边坡高度、施工方法、岩石的种类、风化和破碎程度是决定坡度的主要因素。边坡高度不大于 30 m 时,设计时可根据以上因素参照表 3.8—表 3.10 确定。必要时,可采用力学分析方法进行验算。

表 3.8 岩质路堑边坡坡度

边坡岩体类型	风化程度	边坡坡度	
		$H < 15$ m	15 m $\leq H < 30$ m
I 类	未风化、微风化	1:0.1 ~ 1:0.3	1:0.1 ~ 1:0.3
	弱风化	1:0.1 ~ 1:0.3	1:0.3 ~ 1:0.5
II 类	未风化、微风化	1:0.1 ~ 1:0.3	1:0.3 ~ 1:0.5
	弱风化	1:0.3 ~ 1:0.5	1:0.5 ~ 1:0.75
III 类	未风化、微风化	1:0.3 ~ 1:0.5	—
	弱风化	1:0.5 ~ 1:0.75	—
IV 类	未风化、微风化	1:0.5 ~ 1:1	
	弱风化	1:0.75 ~ 1:1	

注:1. 有可靠资料和经验时,可不受本表限制。
　　2. IV 类强风化包括各类风化程度的极弱岩。

表 3.9 岩质边坡的岩体分类

边坡岩体类型	判定条件			
	岩体完整程度	结构面结合程度	结构面产状	自立边坡自稳能力
I 类	完整	良好,或一般	外倾结构面或外倾不同结构面的组合线倾角大于75°或小于35°	30 m 高边坡长期稳定,偶有掉块
II 类	完整	良好,或一般	外倾结构面或外倾不同结构面的组合线倾角35°~75°	15 m 高的边坡稳定,15~30 m 高的边坡欠稳定
	完整	差	外倾结构面或外倾不同结构面的组合线倾角大于75°或小于35°	
	较完整	良好,或一般,或差	外倾结构面或外倾不同结构面的组合线倾角小于35°	边坡出现局部塌落
III 类	完整	差	外倾结构面或外倾不同结构面的组合线倾角35°~75°	8 m 高的边坡稳定,15 m 高的边坡欠稳定
	较完整	良好,或一般	外倾结构面或外倾不同结构面的组合线倾角35°~75°	
	较完整	差	外倾结构面或外倾不同结构面的组合线倾角大于75°或小于35°	
	较完整(碎裂镶嵌)	良好,或一般	结构面无明显规律	

52

边坡岩体类型	判定条件			
	岩体完整程度	结构面结合程度	结构面产状	自立边坡自稳能力
Ⅳ类	较完整	差,或很差	外倾结构面以层面为主,倾角多为35°~75°	8 m 高的边坡稳定
	不完整(散体、碎裂)	碎块间结合很差		

注:1. 边坡岩体分类中,未含由软弱结构面控制的边坡和倾倒崩塌型破坏的边坡。

2. Ⅰ类岩体为软岩、较软岩时,应降为Ⅱ类岩体。

3. 当地下水发育时,Ⅱ,Ⅲ类岩体可根据具体情况降低一档。

4. 强风化岩和极弱岩可划为Ⅳ类岩体。

5. 表中外倾结构面系指倾向与坡向的夹角小于30°的结构面。

6. 岩体完整程度按表 3.10 确定。

表 3.10　岩体完整程度划分

岩体完整程度	结构面发育程度	结构类型	完整性系数 K
完整	结构面 1~2 组,以构造节理或层面为主,密闭型	巨块状整体结构	>0.75
较完整	结构面 2~3 组,以构造节理或层面为主,缝隙多呈密闭型,部分为微张型,少有充填物	块状结构、层状结构、镶嵌碎裂结构	0.35~0.75
不完整	结构面大于 3 组,在断层附近受构造作用影响较大,裂隙以张开型为主,多有填充物,厚度较大	碎裂状结构、散体结构	<0.35

注:1. 完整性系数 $K_V = \left(\dfrac{V_R}{V_P}\right)^2$, V_R 为弹性纵波在岩体中的传播速度, V_P 为弹性纵波在岩块中的传播速度。

2. 镶嵌碎裂结构为碎裂结构中碎块较大且相互咬合、稳定性相对较好的一种结构。

因地表岩层和自然条件及路基构造要求与形式变化较大,岩石路堑边坡坡度难以定型,故表中所列数值为一般条件下的经验数值。运用时,要结合当地的工程地质和水文条件,参考各地现有自然稳定的山坡和人工成型的稳定山坡,加以对比选用。必要时,应进行个别设计和稳定性验算,还必须采取排水和护坡与加固等技术措施。在地震地区的岩石路堑边坡坡度应参考《公路工程抗震设计规范》(JTJ004—89)的规定。

3.2　路基附属设施

为确保路基的强度、稳定性及行车安全,与一般路基工程有关的附属设施有取土坑、弃土堆、护坡道、碎落台、堆料坪及错车道等。这些设施是路基设计的组成部分,正确、合理地对其设计是十分重要的。

3.2.1 取土坑与弃土堆

路基土石方的挖填平衡是公路路线设计的基本原则,但往往难以做到完全平衡。土石方数量经过合理调配后,仍然会有部分借方和弃方(又称废方)。为了使土石的借方、弃方不破坏周围环境和影响路基稳定,路基土石方的借方、弃方要合理选择地点,即确定取土坑或弃土堆的位置。选点时,要兼顾土质、数量、用地及运输条件等因素,弃之无害。借方、弃方所形成的坑或堆,要求尽量结合当地地形,充分加以利用,并注意外形规整,弃堆稳固。对高等级公路或位于城郊附近的干线公路,尤应注意。

平坦地区,如果用土较少,可沿路两侧设置取土坑,并与路基排水和农田灌溉相结合。路旁取土坑大致如图 3.7 所示。深度约 1.0 m 或稍深一些,宽度依用土数量和用地允许而定。为防止坑内积水危害路基,当堤顶与坑底高差小于 2.0 m 时,在路基坡脚与坑之间需设宽度不小于 1.0 m 的护坡平台,坑底设纵横排水坡及相应设施。

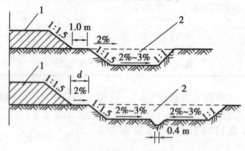

图 3.7 路旁取土坑示意
1—路堤;2—取土坑

河水淹没地段的桥头引道近旁,一般不设取土坑。如设取土坑,要距河流中水位边界10 m 以外,并与导流结构物位置相适应。此类取土坑要求水流畅通,不得长期积水,危及路基或构造物的稳定。路基开挖的废方应尽量加以利用,如用以加宽路基或加固路堤,填补坑洞或路夯洼地,也可兼顾农田水利或基建等所需,做到变废为用,弃而不乱。

废方一般选择路边低洼地,就近弃堆。原地面倾斜坡度小于 1:5 时,路旁两侧均可设弃土堆;地面较陡时,宜设在路基下方。沿河路基爆破后的废石方,往往难以远运,条件许可时可以部分占用河道,但要注意河道压缩后,不致壅水危及上游路基及附近农田,或产生泥沙淤积,影响河道畅通。

如图 3.8 所示为路旁弃土堆示例。要求堆弃整齐,顶面具有适当横坡,并设平台、三角土

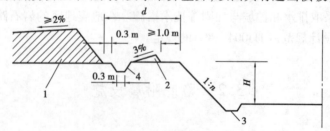

图 3.8 路旁弃土堆示例
1—弃土堆;2—平台与三角土块;3—边沟;4—截水沟

块及排水沟,宽度 d 与地面土质有关,最小为 3.0 m,最大可按路堑深度加 5.0 m。积沙或积雪地段的弃土堆,宜有利于防沙防雪,可设在迎面一侧,并具有足够距离。

3.2.2　护坡道与碎落台

护坡道是保护路基边坡稳定性的措施之一。设置的目的是加宽边坡横向距离,减小边坡平均坡度。护坡道越宽,越有利于边坡稳定,但最少为 1.0 m。宽度大,则工程数量也随之增加,因此,要兼顾边坡稳定性与经济合理性。通常护坡道宽度 d 视边坡高度 h 而定。$h \leqslant 3.0$ m 时,$d = 1.0$ m;$h = 3 \sim 6$ m 时,$d = 2.0$ m;$h = 6 \sim 12$ m 时,$d = 2 \sim 4$ m。

护坡道一般设置在挖方坡脚处。边坡较高时,也可设置在边坡上方及挖方边坡的变坡处。浸水路基的护坡道可设置在浸水线以上的边坡上。

碎落台设于土质或石质土的挖方边坡的坡脚处,主要供零星土石碎块下落时临时堆积,以保证边沟不致阻塞,也有护坡道的作用。碎落台宽度一般为 1.0 ~ 1.5 m,如兼有护坡作用,可适当放宽。碎落台上的堆积物应定期清理。

3.2.3　堆料坪与错车道

路面养护所用的矿质材料可就近选择路旁适当地点堆置备用,也可在路肩外缘设堆料坪,其面积可结合地形与材料数量而定。例如,每隔 50 ~ 100 m 设一个堆料坪,长 5 ~ 8 m,宽 2 m。高级路面或采用机械化养路的路段,可不设,或另设集中备用料场,以维护公路外形的视觉平顺和景观优美。

单车道公路,出于双向行车会车和相互避让的需要,通常应每隔 200 ~ 500 m 设置错车道一处。按规定错车道的长度不得短于 40 m,两端各有长度为 10 m 的出入过渡段,中间 20 m 供停车用。单车道的路基宽度为 4.5 m,而错车道地段的路基宽度为 6.5 m。错车道是单车道路基的一个组成部分,应与路基同时设计与施工。

3.3　路基常见病害及防治

3.3.1　路基常见病害

路基裸露在大气中,经受土体自重、行车荷载和各种自然因素的作用,路基会产生变形。路基的变形分为可恢复变形和不可恢复变形。路基的不可恢复变形会引起路基标高和边坡坡度、形状的改变,严重时会造成土体位移,危及路基的整体性和稳定性,造成路基的各种病害。路基常见的病害主要有以下 5 种:

(1)路基沉陷

路基沉陷是指路基表面作竖向位移。路基沉陷主要有两种情况:一种是路基本身的压缩沉降;另一种是由于路基下部天然地面承载力不足,在路基自重的作用下引起沉陷或向两侧挤出而造成沉陷,如图 3.9 所示。路基沉陷是因填料选择不当,填筑方法不合理,压实不足,在路堤自身内部形成过湿的夹层,在荷载和水温的共同作用下引起的路基沉陷。路基沉陷是指原天然地面有软土、沼泽或不密实的松土存在,承载力较低,路基修筑前未作处理,在自重及荷载作用下引起的沉陷。此外,冻融作用也常使路基产生不均匀变形。

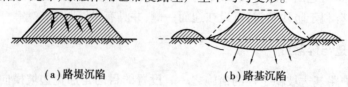

（a）路堤沉陷　　　（b）路基沉陷

图 3.9　路基沉陷示意

（2）边坡滑塌

路基边坡滑塌是常见的路基病害。根据边坡土质类别、破坏原因和规模不同,可分为溜方和滑坡两种情况（见图 3.10）。

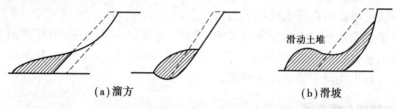

（a）溜方　　　　（b）滑坡

图 3.10　路基边坡破坏

1）溜方

溜方是指边坡上薄的表层土被水浸泡后沿边坡向下滑移的破坏现象。它主要是由流水冲刷边坡或施工不当引起的。

2）滑坡

滑坡是指路堤边坡土体在重力作用下沿某个滑动面发生剪切破坏。其主要原因是:边坡过陡;不正确的填筑方法;含水率过大,土体的黏结力和内摩阻力降低;坡脚受水冲刷。

（3）碎落和崩塌

剥落和碎落是指路堑边坡风化岩层表面在大气温度和湿度的交替作用下,以及雨水冲刷和动力作用下,表层岩石从坡面剥落下来,向下滚落。崩塌是指大块岩石脱离坡面沿边坡滚落（见图 3.11）,崩塌发生的速度极快,岩土块在运动时有跳跃现象,运动结束后崩塌体基本稳定。崩塌属于坡体破坏,其规模和危害程度均较剥落或碎落更为严重。

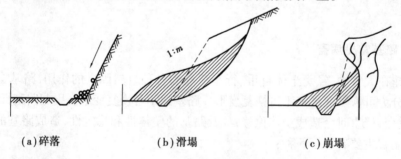

（a）碎落　　　　（b）滑塌　　　　（c）崩塌

图 3.11　路堑边坡破坏示意

（4）路堤沿山坡滑动

建造在陡山坡上的路堤或半路堤,如果基底（地基表面）未经处理而被水浸湿,下侧边坡坡脚又未加以支承,则堤身就可能在自重和行车荷载作用下沿原山坡向下滑移（见图 3.12）,使路基整体失去稳定。

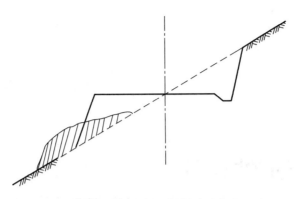

图 3.12   路堤沿山坡滑动示意

（5）特殊地质水文条件下的破坏

公路通过不良地质和水文地带，或遇较大自然灾害，如滑坡、岩堆、泥石流、雪崩、岩溶、地震及较大暴雨和严重冰冻等，均能导致路基结构的破坏。

3.3.2   路基病害防治

为提高路基的稳定性，防治各种病害的产生，可采取以下措施：

①正确设计路基横断面。

②选择良好的路基用土填筑。必要时，对路基上层填土作稳定处理。

③选择正确的填筑方法，充分压实，达到规定的压实度。

④适当提高路基，防止水分从侧面渗入或地下水位上升进入路基工作区。

⑤正确进行排水设计。

⑥必要时，设计隔离层，隔绝毛细水上升；设置隔温层，减少路基冰冻深度和水分累积；设置砂垫层，疏干土基。

⑦采取边坡加固、修筑挡土结构物、土体加筋等防护措施，提高路基整体稳定性。以上措施的宗旨在于限制水分浸入路基，或将已浸入路基的水分迅速排出，保证路基干燥，提高路基的整体强度和稳定性。

第 *4* 章
路基边坡稳定性设计

路基边坡滑坍是公路上常见的破坏现象之一。例如,在岩质或土质山坡上开挖路堑,有可能因自然平衡条件被破坏或边坡过陡,使坡体沿某一滑动面产生滑动。对河滩路堤、高路堤或软弱地基上的路堤,也可能因水流冲刷、边坡过陡或地基承载力过低而出现填方土体(或连同原地面土体)沿某一剪切面产生坍塌。路基边坡的稳定性涉及岩土性质与结构、边坡高度与坡度、工程质量与经济等因素。一般情况下,对边坡不高的路基,如不超过8 m的土质边坡、不超过12 m的石质边坡,可按一般路基设计,采用规定的坡度值,不作稳定性分析计算。对地质和水文条件复杂、高填深挖或有特殊使用要求的路基,应进行稳定性分析,保证路基设计既满足稳定性要求,又满足经济性要求。

4.1 边坡稳定性分析概述

4.1.1 影响路基边坡稳定性的因素

根据土力学原理,路基边坡滑坍是因边坡土体中的剪应力超过其抗剪强度所产生的剪切破坏。因此,凡是使土体剪应力增加或抗剪强度降低的因素,都可能引起边坡滑坍。这些因素可归纳为以下5点:

①边坡土质。土的抗剪强度取决于土的性质,土质不同则抗剪强度也不同。对于路堑边坡而言,除与土或岩石的性质有关外,还与岩石的风化破碎程度和形状有关。

②水的活动。水是影响边坡稳定性的主要因素,边坡的破坏总是或多或少地与水的活动有关。土体的含水率增加,既降低了土体的抗剪强度,又增加了土内的剪应力。在浸水情况下,还有浮力和动水压力的作用,使边坡处于最不利状态。

③边坡的几何形状。边坡的高度、坡度等直接关系土的稳定条件,高大、陡直的边坡,因重心高,稳定条件差,易发生滑坍或其他形式的破坏。

④活荷载增加。坡脚因水流冲刷或其他不适当的开挖而使边坡失去支承等,均可能增大边坡土体的剪应力。

⑤地震及其他震动荷载。

4.1.2　边坡稳定性分析方法

路基边坡稳定性分析与验算的方法很多,归纳起来有力学分析法、图解法和工程地质法(比拟法)。力学分析法又称极限平衡法,假定边坡沿某一形状滑动面破坏,按力学平衡原理进行计算。因此,根据滑动面形状的不同,又分为直线法、圆弧法和折线法 3 种。力学分析法的基本假定如下:

①破裂面以上的不稳定土体沿破裂面作整体滑动,不考虑其内部的应力分析不均和局部移动。

②土的极限平衡状态只在破裂面上达到。

为简化计算,用力学分析法进行边坡稳定性分析时,通常都按平面问题来处理。

工程地质比拟法是根据已成不同土类或岩体边坡的大量经验数据,拟订路基边坡稳定值参考表,供设计采用。

一般情况下,土质边坡的设计是先按力学分析法进行验算,再以工程地质比拟法予以校核。岩石或碎石土类边坡则主要采用工程地质比拟法,有条件时也以力学分析法进行校核。

4.1.3　边坡滑动面形状

大气降雨使土的抗剪强度降低,往往导致路基边坡产生滑坍。根据大量观测,边坡滑坍破坏时,会形成一滑动面。滑动面的形状主要因土质而异,有的近似直线平面,有的呈曲面,有的则可能是不规则的折线平面。为简化计算,近似地把滑动破裂面与路基横断面的交线假设为直线、圆曲线或折线。沙性土及碎(砾)石土,因有较大的内摩擦角 φ 及较小的黏聚力 c,其破裂滑动面近似于直线平面。黏性土的黏聚力 c 较大而其内摩擦角 φ 较小,边坡滑坍时,滑动面近似于圆曲面。

滑动面形状如图 4.1 所示。一般情况下,可只考虑破裂面通过坡脚的稳定性;路基底面以下会有软弱夹层时,还应考虑滑动破裂面通过坡脚以下的可能;边坡为折线形,必要时应对通过变坡点的滑动面进行稳定性验算。验算时,可根据不同的土质,区分不同情况加以选择。

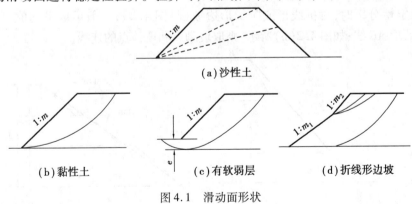

(a)沙性土

(b)黏性土　　　(c)有软弱层　　　(d)折线形边坡

图 4.1　滑动面形状

4.1.4　边坡稳定性分析的计算参数

(1)土的计算参数

路基处在复杂的自然环境中,其稳定性随环境条件(特别是土的含水率)和时间的增长而变化。路堑是在天然土层中开挖而成,土石的性质、类别和分布是自然存在的。而路堤是由人工填筑而成的,填料性质可由人为方法控制。因此,在边坡稳定性分析时,对土的物理力学数据的选用,以及可能出现的最不利情况,应力求能与路基将来实际情况相一致。

边坡稳定性分析所需土的试验资料如下:

①对路堑或天然边坡,应取原状土的重度 $\gamma(kN/m^3)$、内摩擦角 $\varphi(°)$ 和黏聚力 $c(kPa)$。

②对路堤边坡,应取与现场压实度一致的压实土的试验数据,数据包括压实后土的重度 $\gamma(kN/m^3)$、内摩擦角 $\varphi(°)$ 和黏聚力 $c(kPa)$。

在边坡稳定性分析时,如边坡由多层土体所构成,所采用土的边坡稳定性分析参数 c,φ 和 γ 的值应根据边坡稳定性分析方法确定。对直线法和圆弧法,可通过合理的分段,直接取用不同土层的参数值。如用综合土体边坡稳定性分析,可采用加权平均法求得,即

$$c = \frac{c_1 h_1 + c_2 h_2 + \cdots + c_n h_n}{h_1 + h_2 + \cdots + h_n} = \frac{\sum_{i=1}^{n} c_i h_i}{\sum_{i=1}^{n} h_i} \qquad (4.1)$$

$$\tan \varphi = \frac{h_1 \tan \varphi_1 + h_2 \tan \varphi_2 + \cdots + h_n \tan \varphi_n}{h_1 + h_2 + \cdots + h_n} = \frac{\sum_{i=1}^{n} h_i \tan \varphi_i}{\sum_{i=1}^{n} h_i} \qquad (4.2)$$

$$\gamma = \frac{\gamma_1 h_1 + \gamma_2 h_2 + \cdots + \gamma_n h_n}{h_1 + h_2 + \cdots + h_n} = \frac{\sum_{i=1}^{n} \gamma_i h_i}{\sum_{i=1}^{n} h_i} \qquad (4.3)$$

式中 c_i,φ_i,γ_i ——土层 i 的黏聚力、内摩擦角、重度;

h_i ——土层 i 的厚度。

加权平均法适用于较为粗略的边坡稳定性分析。

(2)边坡稳定性分析边坡的取值

边坡稳定性分析时,对折线形或阶梯形边坡(见图 4.2),一般可取平均值。例如,如图 4.2(a)所示,取 AB 线;如图 4.2(b)所示,则取坡脚点和坡顶点的连线。

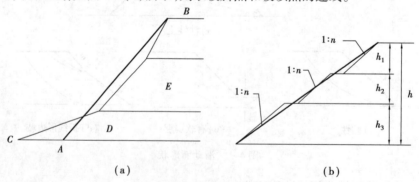

(a)　　　　　　　　　　(b)

图 4.2　边坡取值示意图

(3)行车荷载当量换算

路基除承受自重作用外,同时还承受行车荷载的作用。在边坡稳定性分析时,需要将行车

按最不利情况排列(见图 4.3),并将车辆的设计荷载换算成当量土柱高(即以相等压力的土层厚度来代替荷载),以 h_0 表示。

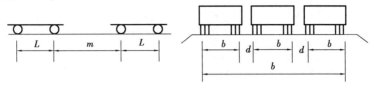

图 4.3 车辆荷载布置示意图

行车荷载换算高度 h_0 的计算公式为

$$h_0 = \frac{NQ}{\gamma BL} \tag{4.4}$$

式中 N——并列车辆数,单车道 $N = 1$,双车道 $N = 2$;

  Q——一辆重车的重力(标准车辆荷载为 550 kN);

  γ——路基填料的重度,kN/m^3;

  L——汽车前后轮最大距,m,按《公路工程技术标准》(JTG B01—2014)规定,对标准车辆荷载为 12.8 m;

  B——荷载横向分布宽度,m,其值为

$$B = Nb + (N - 1)d \tag{4.5}$$

式中 b——每一车辆的轮胎外缘之间的距离,m;

  d——相邻两辆车轮胎(或履带)之间的净距,m。

荷载分布宽度可分布在行车道(路面)的范围,考虑实际行车可能有横向偏移或车辆停放在路肩上,也可认为 h_0 厚的当量土层分布在整个路基宽度上。

4.2 边坡稳定性分析方法

4.2.1 直线法

直线法适用于沙土和沙性土(两者合称沙类土),土的抗力以内摩擦力为主,黏聚力甚小,边坡破坏时,破裂面近似平面。

如图 4.4(a)所示,路堤土楔 ABD 沿假设破裂面 AD 滑动,其稳定系数 K 可计算(按纵向长 1 m 计,下同)为

$$K = \frac{F}{T} = \frac{G\cos\omega\tan\varphi + cL}{G\sin\omega} \tag{4.6}$$

式中 F——沿破裂面的抗滑力,kN;

  T——沿破裂面的下滑力,kN;

  G——土楔重力及路基顶面换算土柱的荷载之和,kN;

  ω——破裂面对于水平面的倾斜角,(°);

  φ——路堤土体的内摩擦角,(°);

  c——路堤土体的单位黏聚力,kPa;

L——破裂面 AD 的长度，m。

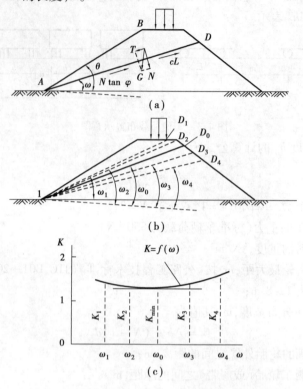

图 4.4　直线法计算图

坡稳定性分析时，首先假定路堤边坡值，然后通过坡脚 A 点，假定 3 ~ 4 个可能的破裂面 ω_i（见图 4.4），按式（4.6）求出相应的稳定系数 K 值，得出 K 与 ω 的关系曲线，如图 4.4（c）所示。在 $K = f(\omega)$ 关系曲线上找到最小稳定系数值 K_{min} 及对应的极限破裂面倾斜角 ω 值。

因沙类土黏聚力很小，故一般可忽略不计，即取 $c = 0$，则式（4.6）可表达为

$$K = \frac{F}{T} = \frac{\tan \varphi}{\tan \omega} \tag{4.7}$$

由式（4.7）可知，当 $K = 1$ 时，$\tan \varphi = \tan \omega$，抗滑力等于下滑力，滑动面土体处于极限平衡状态。此时，路堤的极限坡度等于沙类土的内摩擦角，该角相当于自然休止角。当 $K > 1$ 时，路堤边坡处于稳定状态，且与边坡高度无关；当 $K < 1$ 时，则不论边坡高度多少，都不能保持稳定。

对沙类土的路堑边坡（见图 4.5），土楔 ABD 沿假设破裂面 AD 滑动。其稳定系数 K 可计算为

$$K = \frac{F}{T} = \frac{G \cos \omega \tan \varphi + cL}{G \sin \omega} = (f + a_0) \cot \omega + a_0 \cot(\theta - \omega) \tag{4.8}$$

式中　φ——路堑土楔的内摩擦角，（°）；

a_0——参数，$a_0 = \dfrac{2c}{\gamma h}$，$\gamma$ 为土的重度，kN/m³；

h——边坡的竖向高度，m；

f——土的内摩擦系数，$f = \tan \varphi$；

θ——边坡倾斜角。

其他符号同前。

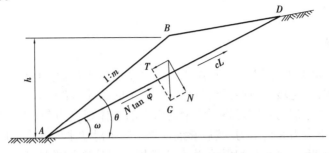

图 4.5　均匀沙类土路堑边坡

按微分方法,当 $\mathrm{d}K/\mathrm{d}\omega = 0$ 可求稳定系数 K 最小时破裂面倾斜角 ω_0 值,即

$$\cot \omega_0 = \cot \theta + \sqrt{\frac{a_0}{f + a_0}} \csc \theta \qquad (4.9)$$

将式(4.9)代入式(4.8),得最小稳定系数为

$$K_{\min} = (2a_0 + f)\cot \theta + 2\sqrt{a_0(f + a_0)}\, \csc \theta \qquad (4.10)$$

对成层的沙类土边坡(见图 4.6),如破裂面 AD 通过强度指标不同的各土层 Ⅰ,Ⅱ,Ⅲ,… 可用竖直线将破裂面以上的土楔 ABD 划分为若干条块,每一条块的破裂面位于同一种土层内,其破裂面上的 c_i,φ_i 为定值。边坡稳定性分析时,计算每一条块的下滑力 T_i 和相应的抗滑力 F_i,边坡稳定系数可计算为

$$K = \frac{\sum\limits_{i=1}^{n} F_i}{\sum\limits_{i=1}^{n} T_i} = \frac{\sum\limits_{i=1}^{n} (G_i \cos \omega \tan \varphi_i + c_i L_i)}{\sum\limits_{i=1}^{n} G_i \sin \omega} \qquad (4.11)$$

式中　G_i——第 i 条块的重力,kN;

　　　φ_i——第 i 层土的内摩擦角,(°);

　　　c_i——第 i 层土的单位黏聚力,kPa;

　　　ω——破裂面的倾斜角,(°);

　　　L_i——第 i 条块破裂面分段长度,m。

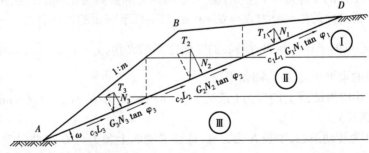

图 4.6　成层沙类土边坡

最小稳定系数确定方法与路堤边坡稳定性分析方法相同。

如果某一分块有换算土柱荷载,该分块应包括换算土柱荷载在内。

考虑滑动面的近似假定、土工试验所得的 φ 和 c 的局限性以及气候环境条件的变异性的影响,为保证边坡稳定性有足够的完全储备,稳定系数 $K_{\min}$ 应大于 1.25,但 K 值也不宜过大,以免造成工程不经济。

4.2.2 圆弧法

圆弧法假定滑动面为一圆弧。它适用于边坡有不同的土层、均质土边坡,部分被淹没、均质土坝,局部发生渗漏、边坡为折线或台阶形的黏性土的路堤与路堑。

①圆弧法的基本原理与步骤是将圆弧滑动面上的土体划分为若干竖向土条,依次计算每一土条沿滑动面的下滑力和抗滑力,然后叠加计算出整个滑动土体的稳定性。

圆弧法的计算精度主要与分段数有关。分段越多则计算结果越精确,一般分 8 ~ 10 段。小段的划分,还可结合横断面特性,如划分在边坡或地面坡度变化之处,以便简化计算。

用圆弧法进行边坡稳定性分析时,一般假定土为均质和各向同性,滑动面通过坡脚,不考虑土体的内应力分布及各土条之间相互作用力的影响,土条不受侧向力作用,或虽有侧向力,但与滑动圆弧的切线方向平行。

圆弧法的基本步骤如下:

a. 通过坡脚任意选定可能发生的圆弧滑动面 AB,其半径为 R,沿路线纵向取单位长度 1 m,将滑动土体分成若干个一定宽度的垂直土条,其宽一般为 2 ~ 4 m,如图 4.7 所示。

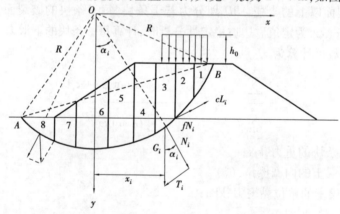

图 4.7 圆弧法边坡稳定性分析计算图

b. 计算每个土条的土体重 G_i(包括小段土重和其上部换算为土柱的荷载在内)。G_i 可分解为垂直于小段滑动面的法向分力 $N_i = G_i \cos \alpha_i$ 和平行于该面的切向分力 $T_i = G_i \sin \alpha_i$。其中,α_i 为该弧中心点的半径线与通过圆心的竖线之间的夹角,$a_i = \arcsin \dfrac{x_i}{R}$(其中,$x_i$ 为圆弧中心点距圆心竖线的水平距离,R 为圆弧半径)。

c. 计算每一小段滑动面上的反力(抵抗力),即内摩擦力 $N_i f$(其中,$f = \tan \varphi_i$ 和黏聚力 cL_i,L_i 为 i 小段弧长)。

d. 以圆心 O 为转动圆心,半径 R 为力臂,计算滑动面上各力对 O 点的滑动力矩和抗滑力矩,即:

滑动力矩为

$$M_s = R\left(\sum_{i=1}^{n} T_i - \sum_{i=1}^{m} T_i \right)$$

抗滑力矩为

$$M_r = R\left(\sum_{i=1}^{n} Nf + \sum_{i=1}^{n} cL_i\right)$$

式中 $\sum\limits_{i=1}^{n} T_i$——$Oy$ 轴右侧的力矩;

$\sum\limits_{i=1}^{m} T_i$—— Oy 轴左侧的力矩,左侧力矩与滑动方向相反,起抗滑作用,应在滑动力矩中

扣除;

n, m——Oy 轴右侧的分段数和 Oy 轴左侧的分段数。

e. 求稳定系数 K 值为

$$K = \frac{M_r}{M_s} = \frac{R\left(\sum\limits_{i=1}^{n} Nf + \sum\limits_{i=1}^{n} cL_i\right)}{R\left(\sum\limits_{i=1}^{n} T_i - \sum\limits_{i=1}^{m} T_i\right)} = \frac{f\sum\limits_{i=1}^{n} G_i \cos a_i + cL}{\sum\limits_{i=1}^{n} G_i \sin a_i - \sum\limits_{i=1}^{m} G_i \sin a_i} \quad (4.12)$$

式中 L——滑动圆弧的总长度,m;

f——摩阻系数,$f = \tan\varphi$;

c——黏聚力,kPa。

②由于试算的滑动面是任意选的,故需再假定几个可能的滑动面,按上述步骤计算对应的稳定系数 K,在圆心辅助线 MI 上绘出,稳定系数 $K_1, K_2, \cdots, K_n$ 对应于 $O_1, O_2, \cdots, O_n$ 的关系曲线 $K = f(O)$,在该曲线最低点作圆心辅助线 MI 的平行线,与曲线 $f(O)$ 相切的切点对应的圆心为极限滑动面圆心,对应的滑动面为极限滑动面(见图 4.8),相应的稳定系数为极限稳定系数,其值应为 1.25 ~ 1.5。

③确定圆心辅助线。为了较快地找到极限滑动面,减少计算工作量,根据经验,极限滑动圆心在一条线上,该线即是圆心辅助线。确定圆心辅助线可采用 4.5H 法或 36°线法。

a. 4.5H 法一(见图 4.8(a))。由坡脚 E 向下引竖线,在竖线上截取高度 $H = h + h_0$(边坡高度 h 及荷载换算为土柱高度 h_0)得 F 点。

自 F 点向右引水平线,在水平线上截取 4.5H,得 M 点。

连接边坡坡脚 E 和顶点 S,求得 SE 的斜度 $i_0 = l/m$,据此值查表 4.1 得 β_1 和 β_2 值。由 E 点作与 SE 成 β_1 角的直线,再由 S 点作与水平线成 β_2 角的直线,两线相交得 I 点。

连接 I 和 M 两点即得圆心辅助线。

b. 4.5H 法二(见图 4.8(b))。若不考虑荷载换算土层高度 h_0,则方法可简化(见图 4.8),即 $H = h$,斜度 i_0 按边坡坡脚、坡顶的连线 AB 与水平线的夹角来计算,β_1 和 β_2 仍由 i_0 按表 4.1 查得。

由坡脚 A 向下引竖线,在竖线上截取高度 $H = h$(边坡高度)得 F 点。

其他步骤同步骤 a。

c. 36°线法一(见图 4.8(c))。由荷载换算土柱高顶点作与水平线成 36°角的线 EF,即得圆心辅助线。

d. 36°线法二(见图 4.8(d))。由坡顶处作与水平线成 36°角的线 EF,即为圆心辅助线。

上述 4 种确定圆心辅助线方法的计算结果相差不大,均可采用。为求解简便,一般用 36°线法。但 4.5H 法一较精确,且求出的稳定系数 K 值最小,故常用于边坡稳定性分析重要建筑

物的稳定性。通过坡脚的极限破裂圆弧中心位置的有关角值见表4.1。

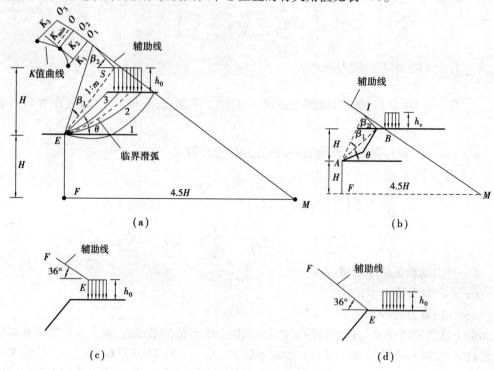

图4.8　确定圆心辅助线

表4.1　黏土边坡的有关角值

边坡坡度 i_0	边坡倾斜角 θ	α	ω	β_1	β_2
1:0.5	63°26′	33°15′	37°00′	29°30′	40°
1:0.75	53°08′	40°00′	32°15′	29°	39°
1:1	45°00′	45°00′	28°15′	28°	37°
1:1.25	38°40′	48°30′	25°00′	27°	35°30′
1:1.5	33°41′	51°15′	22°15′	26°	35°
1:1.75	29°41′	53°15′	20°00′	25°	35°
1:2.0	26°34′	55°00′	18°00′	25°	35°
1:2.25	23°58′	56°00′	16°30′	25°	35°
1:2.5	21°48′	57°00′	15°15′	25°	35°
1:3	18°26′	58°45′	13°15′	25°	35°
1:4	14°02′	60°45′	10°15′	25°	36°
1:5	11°19′	62°00′	8°15′	25°	37°

④稳定系数 K 取值。稳定系数允许值 $[K] = 1.25 \sim 1.50$，具体值应根据土的特性、抗剪强度指标的可靠程度以及公路等级和地区经验综合考虑。当计算 K 值小于允许值 $[K]$，则应放

缓边坡,重新拟订横截面,再按上述方法进行边坡稳定性分析。

例4.1　已知路基高度 13 m,顶宽 10 m,其横截面初步拟订如图 4.9 所示。路基填土为粉质中液限亚黏土,土的黏聚力 $c = 10$ kPa,内摩擦角 24°($\tan \varphi = 0.45$),重度 $\gamma = 17$ kN/m³,荷载为挂车-80(一辆车重力 800 kN)。试分析其边坡稳定性。

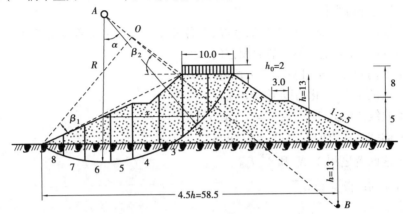

图 4.9　圆弧法边坡稳定性分析(单位:m)

解　①用方格纸以 1:50 比例绘出路堤横断面。

②将挂车-80 换算成土柱高(当量高度)。设其中一辆挂车停歇在路肩上,另一辆以最小间距 $d = 0.4$ m 与它并排。按式(4.4)换算土柱高为

$$h_0 = \frac{NQ}{\gamma BL}$$

式中　L——纵向分布长度(等于汽车后轴轮胎的总距),$L = 6.4$ m;

　　　B——横向分布车辆轮胎最外缘间总距,其公式为

$$B = Nb + (N - 1)d$$

其中,N 为车辆数,等于 2;d 为车身之间的净距,等于 0.4 m;b 可近似地取车身宽度,等于 3.5 m,则 $B = 2 \times 3.5$ m $+ 0.4$ m $= 7.4$ m,故

$$h_0 = \frac{2 \times 800}{6.4 \times 7.4 \times 17} \text{ m} = 2.0 \text{ m}$$

③按 4.5H 法确定滑动圆心辅助线。在此取 $\theta = 25°$($\theta = \arctan \frac{13}{27.5} = 25°18'$)查表 4.1 得 $\beta_1 = 25°$,$\beta_2 = 35°$。据此两角分别自坡脚和左顶点作直线相交于 O 点,BO 的延长线即为滑动圆心辅助线。

④绘出 3 条不同位置的滑动曲线:

a. 一条通过路基中线。

b. 一条通过路基的右边缘(见图 4.9 中的圆弧)。

c. 一条通过距右边缘 1/4 路基宽度处。

⑤滑动圆弧中心可通过试算确定,也可采用另一种方法,即用直线连接可能滑弧的两端点(见图 4.9,连接坡脚与右边缘),并作此直线的中垂线相交于滑动圆心辅助线 BO 于 A 点。A 点即是该滑动曲线的中心。

⑥将圆弧范围土体分成 8~10 段,本例采用 8 段,先由坡脚起每 5 m 一段,最后一段可能略少。

⑦算出滑动曲线每一分段中点与圆心竖线之间的偏角 α_i 为

$$\sin \alpha_i = \frac{x_i}{R}$$

式中　x_i——分段中心距圆心竖线的水平距离,圆心竖线左侧为负,右侧为正;

　　　R——滑动曲线半径。

⑧每一分段的滑动弧曲线可近似取直线,将各分段图形简化为梯形或三角形,计算其面积 Ω_i,其中包括荷载换算成土柱部分的面积在内。

⑨以路堤纵向长度 1 m 计算出各分段的重力 G_i。

⑩将每一段的重力 G_i 化为以下两个分力:

a. 在滑动曲线法线方向分力:$N_i = G_i \cos \alpha_i$。

b. 在滑动曲线切线方向分力:$T_i = G_i \sin \alpha_i$。

分别求出这两者之和 $\sum N_i$ 和 $\sum T_i$。

⑪算出滑动曲线圆弧长 L。

⑫计算稳定系数为

$$K_2 = \frac{f \sum_{i=1}^{n} N_i + cL}{\sum_{i=1}^{n} T_i} = 1.54$$

用同样的方法,还可求得另两条滑动曲线的稳定系数为

$$K_1 = 1.47$$
$$K_2 = 1.76$$

由于第一条曲线(通过路基中线)的稳定系数最小,而又是最靠左边。因此,在左边缘与路基中线之间的中点再绘一条滑动曲线,并计算其稳定系数。通过计算,其值为

$$K_4 = 1.49$$

由此可知,第一条曲线为极限的滑动面,其稳定系数满足 1.25 ~ 1.50 的要求。因此,本例所采用的边坡坡度足以满足边坡稳定的要求。

圆弧法边坡稳定性分析见表4.2。

表 4.2　圆弧法边坡稳定性分析计算

分段	$\sin \alpha_i$	α_i	$\cos \alpha_i$	Ω_i/m^2	$G_i = \Omega_i \gamma / kN$	$N_i = G_i \cos \alpha_i / kN$	$T_i v = G_i \sin \alpha_i / kN$	L/m
1	0.85	58°00′	0.53	29.9	508	269	732	
2	0.64	39°47′	0.77	57.5	971	752	624	
3	0.47	28°02′	0.88	56	951	835	446	
4	0.28	16°15′	0.96	51	866	833	242	
5	0.11	6°18′	0.99	49.7	845	837	93	45.2
6	−0.07	−4°00′	0.99	38.5	654	647	−46	
7	−0.27	15°40′	0.97	24	408	395	−110	
8	−0.37	−21°43′	0.93	4.8	82	76	−30	
						$\sum N_i = 4\ 644$	$\sum T_i = 1\ 951$	

4.2.3 表解法

用圆弧法进行路基边坡稳定性分析计算工作量较大。对均质、直线形边坡路堤,滑动面通过坡脚,坡顶为水平并延伸至无限远,可按表解法进行边坡稳定性分析。

表解法是应用图解和分析计算的结果制成的一系列计算参数表的边坡稳定性分析方法。

如图4.10所示,将土体划分各小块,其宽为b、高为a、滑弧全长L,将此三者换算成边坡高度H的表达式,即

$$a = \xi H$$
$$L = \lambda H$$

每1 m坡长的土块重力为

$$G = ab \times 1 \times \gamma = \gamma \xi \beta H^2$$

其法向和切向分力为

$$N = G \cos \alpha = \gamma \xi \beta H^2 \cos \alpha$$
$$T = T \sin \alpha = \gamma \xi \beta H^2 \sin \alpha$$

稳定系数为

$$K = \frac{f \sum_{i=1}^{n} N_i + cL}{\sum_{i=1}^{n} T_i} = \frac{f \sum \xi \beta \gamma H^2 \cos \alpha + c \lambda H}{\sum \xi \beta \gamma H^2 \sin \alpha} \tag{4.13}$$

令

$$A = \frac{\sum \xi \cos \alpha}{\sum \xi \sin \alpha} \qquad B = \frac{\gamma}{\sum \xi \beta \sin \alpha}$$

由此可得

$$K = fA + \frac{c}{\gamma H} B$$

式中 H——边坡高度,m;

c——土的黏聚力,kPa;

f——土的内摩擦系数,$f = \tan \varphi$;

φ——土的内摩擦角,(°);

A, B——取决于几何形状的系数,由表4.3可查得。

表4.3 滑动圆弧通过坡脚的A,B值

边坡坡度	滑动圆弧的圆心									
	O_1		O_2		O_3		O_4		O_5	
$i_0 = 1:m$	A	B	A	B	A	B	A	B	A	B
1:1.25	2.64	6.05	2.16	6.35	1.82	7.03	1.66	8.03	1.48	9.65
1:1.5	3.04	6.25	2.54	6.50	2.15	7.15	1.90	8.33	1.71	10.10
1:1	2.34	5.75	1.87	6.00	1.57	6.57	1.40	7.50	1.24	8.80

续表

边坡坡度	滑动圆弧的圆心									
	O_1		O_2		O_3		O_4		O_5	
$i_0 = 1:m$	A	B	A	B	A	B	A	B	A	B
1:1.75	3.44	6.35	2.87	6.58	2.50	7.22	2.18	8.50	1.96	10.41
1:2.0	3.84	6.50	3.23	6.70	2.80	7.26	2.45	8.45	2.21	10.10
1:2.25	4.25	6.64	3.58	6.80	3.19	7.27	2.84	8.30	2.53	9.80
1:2.5	4.67	6.65	3.98	6.78	3.53	7.30	3.21	8.15	2.85	9.50
1:2.75	4.99	6.04	4.33	6.78	3.86	7.24	3.59	8.02	3.20	9.21
1:3	5.12	6.60	4.69	6.75	4.24	7.23	3.97	7.87	3.59	8.81

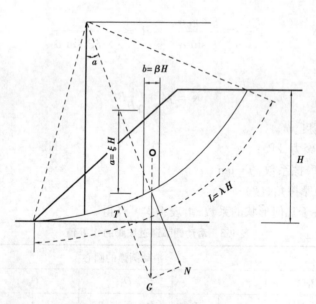

图 4.10　表解法边坡稳定性分析原理

滑动圆弧通过坡脚的几何关系如图 4.11 所示。

对地基为软弱土层,滑动圆弧不一定通过坡脚,可能是通过坡脚以外,此时 A,B 值可查表 4.4。滑动圆弧通过坡脚外的几何关系如图 4.12 所示。

表 4.4　滑动圆弧在坡脚以外的 A,B 值

边坡坡度	滑动圆弧的圆心									
	O_1		O_2		O_3		O_4		O_5	
$i_0 = 1:m$	A	B	A	B	A	B	A	B	A	B
	$e = \dfrac{h}{4}$									
1:1	2.34	5.75	1.87	6.00	1.57	6.57	1.40	7.50	1.24	8.80
1:1.25	2.64	6.05	2.16	6.35	1.82	7.03	1.66	8.03	1.48	9.65
1:1.5	3.04	6.25	2.54	6.50	2.15	7.15	1.90	8.33	1.71	10.10
1:1.75	3.44	6.35	2.87	6.58	2.50	7.22	2.18	8.50	1.96	10.41
1:2.0	3.84	6.50	3.23	6.70	2.80	7.26	2.45	8.45	2.21	10.10
1:2.25	4.25	6.64	3.58	6.80	3.19	7.27	2.84	8.30	2.53	9.80
1:2.5	4.67	6.65	3.98	6.78	3.53	7.30	3.21	8.15	2.85	9.50
1:2.75	4.99	6.04	4.33	6.78	3.86	7.24	3.59	8.02	3.20	9.21
1:3	5.23	6.60	4.69	6.75	4.24	7.23	3.97	7.87	3.59	8.81
	$e = \dfrac{h}{2}$									
1:1	3.40	5.91	3.17	5.92	2.97	6.00	2.82	6.25	2.74	6.93
1:1.25	3.47	5.98	3.24	6.02	3.04	6.14	2.91	6.46	2.82	7.18
1:1.5	3.55	6.08	3.32	6.13	3.13	6.28	3.05	6.68	2.91	7.43
1:1.75	3.64	6.18	3.41	6.26	3.22	6.41	3.11	6.89	3.01	7.68
1:2.0	3.76	6.30	3.35	6.40	3.33	6.62	3.32	7.10	3.12	7.93
1:2.25	3.90	6.44	3.66	6.56	3.49	6.81	3.38	7.32	3.27	8.05
1:2.5	4.06	6.61	2.82	6.74	3.66	7.01	3.56	7.77	3.47	8.17
1:2.75	4.25	6.81	4.02	6.95	3.86	7.25	3.76	7.77	3.63	8.28
1:3	4.40	7.06	4.24	7.20	4.07	7.50	3.97	8.00	3.91	8.40
	$e = h$									
1:1	4.47	5.77	4.32	5.80	4.19	5.86	4.15	6.19	4.13	6.60
1:1.25	4.58	5.84	4.43	5.86	4.27	5.90	4.22	6.20	4.19	6.60
1:1.5	4.70	5.91	4.54	5.93	4.37	5.97	4.30	6.22	4.26	6.60
1:1.75	4.82	5.98	4.66	6.00	4.46	6.05	4.38	6.25	4.34	6.61
1:2.0	4.95	6.05	4.78	6.08	4.58	6.13	4.48	6.31	4.43	6.61
1:2.25	5.08	6.12	4.90	6.16	4.69	6.22	4.58	6.38	4.53	6.61
1:2.5	5.21	6.19	5.03	6.26	4.81	6.33	4.70	6.46	4.65	6.71
1:2.75	5.35	6.26	5.17	6.36	4.95	6.45	4.84	6.57	4.78	6.81
1:3	5.50	6.33	5.31	6.47	5.10	6.60	5.00	6.70	4.95	6.91

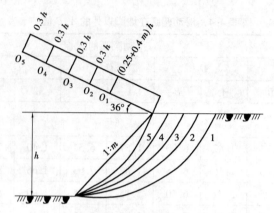

图 4.11　滑动圆弧通过坡脚的几何关系

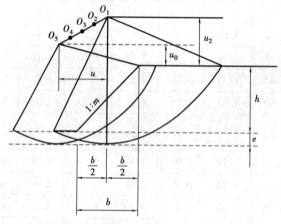

图 4.12　滑动圆弧通过坡脚外的几何关系

例 4.2　已知路堤高 12 m,顶宽 16 m,路基土黏聚力 $c=10$ kPa,内摩擦角 $\varphi=24°$($\tan\varphi=0.45$),重度 $\gamma=16.8$ kN/m³,边坡坡度 $i_0=1:1.5$,试用表解法分析其边坡稳定性。

解　根据提供的数据,不同圆心对应的 A,B 值及 K_i 值见表 4.5。

表 4.5　不同圆心对应的 A,B 及 K_i 值

系数	圆心				
	O_1	O_2	O_3	O_4	O_5
A	3.04	2.54	2.15	1.90	1.71
B	6.25	6.50	7.15	8.33	10.10
K_i	1.66	1.45	1.31	1.26	1.26

边坡稳定系数 $K_{min}=1.26$,满足稳定性要求($1.25\sim1.50$)。

4.3　边坡稳定性分析工程地质法

在地形复杂地区修筑路基,正确、合理地确定路堑横断面形状和边坡坡度是很重要的。由于地层在长期自然生成和演变过程中,一般都具有较复杂的地质结构。因此,在开挖后,地层

的平衡条件受到人为的改变和影响,边坡稳定性的影响因素极为复杂,难以进行计算和预测。目前是根据对自然山坡和已有的人工边坡进行稳定性分析,通过工程地质条件对比,按条件相类似的稳定边坡值作为路堑边坡设计的依据,这就是工程地质法。

采用工程地质法对路堑边坡比拟设计,关键是通过认真、详细的调查和勘测,如实反映路段的地层土质和水文地质状况,据以进行对比分析。按地层性质不同,一般可分为两种类型,即土质(包括粗粒土)路堑和岩石路堑。对土质路堑,应着重调查土的成分和类别、组织结构、密实程度、地下水埋藏情况以及土的成因类型及生成时代等;对岩石路堑,应着重调查岩性、结构和构造、岩石的风化破碎程度及地下水等。

路堑设计主要是确定边坡的形状和坡度。

选择路堑横断面的边坡形式,一般可采用以下 3 种(见图 4.13):

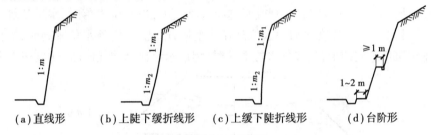

(a) 直线形　　(b) 上陡下缓折线形　　(c) 上缓下陡折线形　　(d) 台阶形

图 4.13　路堑横断面的边坡形式

(1) 直线形

当工程地质条件和水文地质条件较好,土质均匀,且边坡高度不大时可采用,即一坡到顶的直线形。

(2) 折线形

当边坡较高或由多层土组成,而上部土层的稳定性较下部好时,可采用上陡下缓的折线形。若上部为覆盖层,且其稳定性较下部差时,则宜采用上缓下陡的折线形。

折线形边坡在变坡点处容易出现坡面的冲刷破坏。在降水量大的地区,应采用适当的防护措施,或改用直线形或台阶形边坡。

(3) 台阶形

当边坡由多层土组成且高度较高(超过 15 m)时,可在边坡中部或土层变化分界处,设置宽度不小于 1.0 m 的平台,使边坡成为台阶形,设置平台可增加边坡的稳定性,减少坡面冲刷。

土质(包括粗粒土)路堑边坡坡度,应根据边坡高度、土的密实程度、地下水和地面水情况、土的成因类型及生成时代等因素确定。

岩石路堑边坡坡度,应根据岩性、地质构造、岩石的风化破碎程度、边坡高度、地下水及地面水等因素综合分析确定。岩石路堑边坡高度超过 30 m 时,其边坡坡度应根据现场情况,调查附近工程的人工边坡及天然山坡情况。

对一些特殊土质(如黄土)、特殊工程地质条件(如硬岩层中夹有薄的软弱岩层或含水的黏性土层)和其他特殊条件(如大爆破施工、较高地震烈度区),路堑边坡应根据具体情况另行设计。

4.4 浸水路堤稳定性分析

4.4.1 浸水路堤的特点

建筑在桥头引道、河滩及河流沿岸,受到季节性或长期浸水的路堤,称为浸水路堤。这种路堤具有以下特点:

(1)稳定性受水位降落的影响

河滩路堤除承受普通路堤所承受的外力及自重外,还要承受水浮力及渗透动水压力的作用。当河水往上升时,水从边坡的一侧或两侧渗入路堤内;当水位降落时,水又从堤身内向外渗出。由于在土体内渗水速度比河中水位升降速度慢,因此,当堤外水位升高时,堤内水位的比降曲线(浸润曲线)成凹形;当堤外水位下降时,堤内水位比降曲线成凸形(见图4.14)。

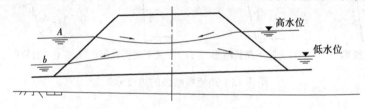

图4.14 路堤内浸润曲线

当路堤一侧或两侧水位发生变化时,水的渗透速度与土的性质和时间有关。因此,当水位开始上升时,土体内的渗透浸润曲线比边坡外面水位低,经过一定时间后,才达到与外面水位齐平。如填土有毛细管作用,则土体内的浸润曲线可继续上升至一定高度。在沙性土中,这一高度为0.15 m左右;在黏性土中,能达到1.5 m或更高。水位上升时,土体除承受竖向的向当水位骤然下降时(见图4.15),土体内部的水流出边坡需要较长的时间,因水位的差异,故其渗透动水压力的方向指向土体外面,这就严重破坏了路堤边坡的稳定性,并可能产生边坡凸起和滑坡现象。此外,渗透水流还能带走路堤细小的土粒而引起路堤的变形。

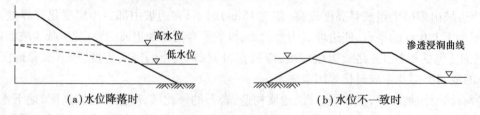

图4.15 水位变化时路堤中的浸润曲线

在高水位时,如路堤两侧边坡上的水位不一致,就会产生横穿路堤的渗透,即使水位相差较小,也需予以考虑(见图4.15)。

(2)稳定性与路堤填料透水性有关

以黏性土填筑的路堤达到最佳密实度后,透水性很弱;以沙砾石土填筑的路堤,由于空隙大,透水性强。因此,水位涨落对这两种土的边坡稳定性影响一般不大。属于中等透水性的土(如亚沙土、亚黏土等)作路堤填料,在水位降落时,对边坡稳定性影响较大,需考虑动水压力作用。因此,浸水路堤填料最好选用渗水性强的材料(如石质坚硬不易风化的块石、片石、碎石及沙砾等)。若附近无此类材料或从远处运来不经济时,可采用黏土,但必须夯实,严格掌握压实标准。对浸水易崩解、风化的岩石(如页岩、千枚岩等),应禁止使用。

4.4.2 浸水路堤的高度与断面形式

一般浸水路堤的最低设计高程,可取设计洪水位加安全高度0.5 m。

对大河两岸或水库路堤,因水面较宽,可能有壅水现象和波浪侵袭。路堤的最低设计高程(见图4.16)应为

$$H = 设计洪水位 + 可能的壅水高 + 波浪侵袭高 + 安全高度(0.5 \text{ m})$$

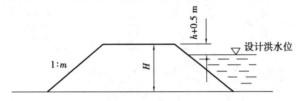

图4.16 浸水路堤设计高程(h = 壅水高 + 浪高)

浸水路堤的一般断面形式如图4.16所示。对深谷半填半挖的浸水路堤以及河滩高路堤,为了路基边坡的稳定,并便于施工和修复,可在边坡适当高度处加设台阶或护坡道,宽度为1~2 m,如图4.17所示。浸水部分边坡应较平缓,并宜用片石、块石防护。同时,应对整个路堤边坡的稳定性进行验算。

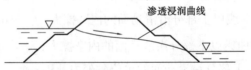

图4.17 路堤边坡的稳定性验算

4.4.3 渗透动水压力的计算

凡用黏性土填筑浸水路堤(不包括渗透性极小的纯黏土),必须进行渗透动水压力计算。如图4.18所示,渗透动水压力可计算为

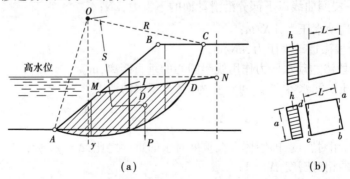

图4.18 渗透动水压力计算示意图

$$D = I\Omega_B\gamma_0 \tag{4.14}$$

式中 D——作用于浸润曲线以下土体重心的渗透动水压力,kN/m;

I——渗流水力坡降(采用浸润曲线的平均坡降);

Ω_B——浸润曲线与滑动弧之间的土体面积,m^2;

γ_0——水的重度,kN/m^3,为计算方便,γ_0 取 10 kN/m^3。

4.4.4 浸水路堤边坡稳定性分析

浸水路堤的稳定性,应按路堤处于最不利的情况进行边坡稳定性分析。其破坏一般发生在最高洪水位骤然降落的时候。边坡稳定性分析的原理和方法与普通路堤边坡稳定性的圆弧法基本相同。当路堤一侧浸水时,只要注意浸水土条与未浸水土条的基本参数的变化。

采用圆弧法进行浸水路堤边坡稳定性分析,其稳定系数 K 可计算为

$$K = \frac{M_{抵抗}}{M_{滑动}} = \frac{\left(f_c \sum N_c + f_B \sum N_B + c_c L_c + c_B L_B\right) R}{\left(\sum T_c + \sum T_B\right) R + \sum D_n S_n}$$

$$= \frac{f_c \sum N_c + f_B \sum N_B + c_c L_c + c_B L_B}{\sum T_c + \sum T_B + \sum \dfrac{D_n S_n}{R}} \tag{4.15}$$

因渗透动水压力一般较小,故为简化计算,分母第三项可用 D 代替,即

$$K = \frac{f_c \sum N_c + f_B \sum N_B + c_c L_c + c_B L_B}{\sum T_c + \sum T_B + D} \tag{4.16}$$

式中 K——稳定系数,一般取 1.25 ~ 1.50;

$f_c \sum N_c$——浸润曲线以上部分沿滑动面的内摩擦力,$f_c = \tan \varphi_c$;

$f_B \sum N_B$——浸润曲线以下部分沿滑动面的内摩擦力,$f_B = \tan \varphi_B$;

c_c——浸润曲线以上部分沿滑动面的单位黏聚力,kPa;

c_B——浸润曲线以下部分沿滑动面的单位黏聚力,kPa;

L_c——浸润曲线以上部分沿滑动面的弧长,m;

L_B——浸润曲线以下部分沿滑动面的弧长,m;

$\sum T_c$——浸润曲线以上部分沿滑动面的下滑力,kN;

$\sum T_B$——浸润曲线以下部分沿滑动面的下滑力,kN;

D——渗透动水压力,kN/m;

D_n——分段渗透动水压力,kN/m;

S_n——分段渗透动水压力作用线距圆心的垂直距离,m。

水位线以下土的浸水容重 γ_B 可计算为(考虑了水的浮力)

$$\gamma_B = (\Delta - \Delta_0)(1 - n)\gamma_0 = \frac{(\Delta - \Delta_0)\gamma_0}{1 + e} \tag{4.17}$$

式中 Δ——土的相对密度,即固体土粒重度对水的重度之比,$\Delta = \gamma_s/\gamma_0$;

Δ_0——水的相对密度,$\Delta_0 = 1$;

n——土的孔隙率;

γ_0——水的重度,$\gamma_0 = 10$ kN/m^3;

e——土的孔隙比。

其中

$$n = \frac{e}{1 + e} \qquad (4.18)$$

在进行边坡稳定性分析时,对用黏土填筑的路堤,因其几乎不透水,故堤外水位涨落对土体内部影响较小,可认为不产生动水压力,其边坡稳定性分析方法与一般路堤边坡稳定性分析方法相同。

因浸水路堤外河水猛涨,使路堤左右两侧水位发生差异,若路堤用透水性较强的土填筑,虽可发生横穿路堤的渗透,但其作用力一般较小。若路堤采用不透水材料填筑,则不会发生横穿渗透现象,故也可不计算。但当路堤用普通土填筑,浸水后土体内产生动水压力,则需先绘出土体内的浸润曲线,然后根据上述方法进行计算。

如果是混合断面,其边坡稳定性计算方法仍同前述,仍可采用各土层的物理力学数据用圆弧法进行边坡稳定性分析。

4.5　陡坡路堤的稳定性分析

4.5.1　陡坡路堤

当路堤修筑在陡坡上,且地面横坡度大于1:2或在不稳固的山坡上时,路基不仅要分析路堤边坡稳定性,还要分析路堤沿陡坡或不稳定山坡下滑的稳定性。

图 4.19 给出了陡坡路堤滑动的几种可能:基底接触面较陡或强度较弱,致使路堤整体沿基底接触面产生滑动(见图 4.19(a));基底修筑在较厚的软弱土层上,致使路堤连同其下的软弱土层沿某一滑动面滑动(见图 4.19(b));基底下岩层强度不均匀,如泥质页岩,致使路堤沿某一最弱的层面滑动(见图 4.19(c))。

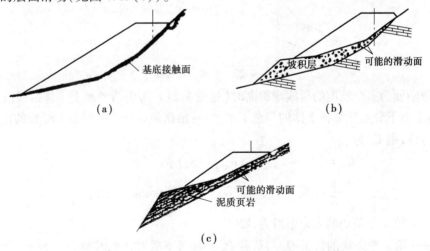

图 4.19　陡坡路堤滑动的几种可能

陡坡路堤产生下滑的主要原因是地面横坡较陡、基底土层软弱或强度不均匀。因此,在边坡稳定性分析中,应采用滑动面附近较为软弱的土的有关测试数据。同时,如果滑动面附近有水的作用(包括地表水和地下水),致使路堤下滑力增大,接触面或软弱面抗剪强度显著降低。

因此,在边坡稳定性分析中应采用因浸水而降低的强度数据。

但是,要准确地确定黏聚力 c 和内摩擦角 φ 较为困难。为接近实际,选择合理的计算参数,可在基底开挖台阶时选择测试数据中较低的一组,并按滑动面受水浸湿的程度再予以适当降低。

陡坡路堤边坡稳定性分析假定路堤整体沿滑动面下滑,因此,边坡稳定性分析方法可按滑动面形状的不同分为直线和折线两种方法。

4.5.2 陡坡路堤边坡稳定性分析方法

①当基底为单一坡面,土体沿直线滑动面整体下滑时,稳定性分析如图 4.20 所示。

滑动面以上土体的稳定性可计算为

$$K = \frac{(Q+P)\cos\alpha\tan\varphi + cL}{(Q+P)\sin\alpha} \qquad (4.19)$$

式中 Q——对以基底接触面为滑动面的,等于路堤自重;对以基底以下软弱面为滑动面的,等于路堤连同其下不稳定土体的自重,kN;

P——路堤顶面的换算土柱荷载,kN;

α——滑动面对水平面的倾斜角,(°);

φ——滑动面上软弱土体的内摩擦角,(°);

c——滑动面上软弱土体的单位黏聚力,kN;

L——滑动面的全长,m。

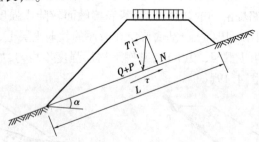

图 4.20 直线滑动面

②当滑动面为多个坡度的折线倾斜面时(见图 4.21),可将滑动面上土体折线段划分为若干条块,自上而下分别计算各土体的剩余下滑力,并根据最后一块的剩余下滑力的正负值确定其整体稳定性,则 E_n 为

$$E_n = \left[T_n + E_{n-1}\cos(\alpha_{n-1} - \alpha_n) \right] -$$
$$\frac{1}{K}\left\{ \left[N_n + N_{n-1}\sin(\alpha_{n-1} - \alpha_n) \right]\tan\varphi_n + c_n L_n \right\} \qquad (4.20)$$

式中 E_n——第 n 个条块的剩余下滑力,kN;

T_n——第 n 个条块的自重 Q_n 与荷载 P_n 的切线下滑力,kN,其值为

$$T_n = (Q_n + P_n)\sin\alpha_n$$

N_n——第 n 个条块的自重 Q_n 与荷载 P_n 的法线分力,kN,其值为

$$N_n = (Q_n + P_n)\cos\alpha_n$$

α_n——第 n 个条块滑动面分段的倾斜角,(°);

φ_n——第 n 个条块滑动面上软弱土层的内摩擦角,(°);

c_n——第 n 个条块滑动面上软弱土层的单位黏聚力,kPa;

L_n——第 n 个条块滑动线长度,m;

E_{n-1}——上一个第 $n-1$ 条块传递而来的剩余下滑力,kN;

α_{n-1}——上一个第 $n-1$ 条块滑动面分段的倾斜角,(°)。

当最后的剩余下滑力等于或小于零时,则认为稳定;大于零时,则认为不稳定,必须采取稳定措施。

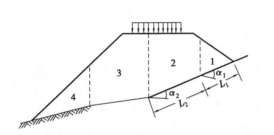

图4.21　折线滑动面

4.6　几种特殊地区的路基设计

4.6.1　黄土地区路基

黄土是在干燥气候条件下形成的富有碳酸盐的多孔性具有柱状节理的黄色粉性土。黄土孔隙率高达35%~60%,湿陷性黄土受水浸湿后在外荷载及自重作用下会产生较大的下沉现象。黄土结构中,以粗粉粒为主体,构成骨架,黏粒、腐殖质胶体附在沙粒或粗粉粒表面,或聚积在大颗粒间的接触点处,与易溶盐及碳酸盐一起形成胶结性联结。黄土具有各向异性。原状黄土水平强度最高,垂直方向最低;冲积、洪积黄土因存在有水平层理的关系,水平方向强度最低,垂直方向强度最大;这两种黄土45°方向强度居中。黄土的水理特性与其他土不相同,垂直方向的渗透性较水平方向大;黏粒含量多的埋藏黄土或红色黄土几乎不透水。黄土遇水后发生膨胀,干燥后又收缩,多次反复循环则会形成裂缝及剥落。

黄土地区路基病害多发生在路堑边坡,如剥落、塌方、沟槽及陷穴等;边沟被水流冲深、蚀宽,使路肩和边坡坡脚遭受破坏。因此,黄土地区路基设计主要是路堑边坡的稳定性及防冲、防渗和保持水土。

(1)路堑边坡设计

路堑边坡设计,应对设计路段的工程地质进行全面、细致的分析调查,查明沿线黄土成因类型、地层特征(如地质年代、地层厚度和下卧岩层等),路线所处的地貌及地面水、地下水等情况。主要利用工程地质法确定边坡率 m,并辅以力学验证。黄土高原地区边坡坡度,按表4.6确定。黄土路堑边坡形式一般有直线形、折线形和台阶形。除边坡高度较低(小于6 m)采用直线形外,一般都应在边坡6~8 m高处设置平台。年降雨量大于250 mm的地区,边坡中部平台宜设截水沟,并予以加固。容易产生剥落的黄土,边坡坡脚宜设置碎落台。

表4.6　黄土高原地区黄土边坡坡度

分区	分类		边坡高度/m			
			≤6	6~12	12~20	20~30
东南区	新黄土Q_3Q_4	坡积	1:0.5	1:0.5~1:0.75	1:0.75~1:1.0	
		洪积	1:0.2~1:0.3	1:0.3~1:0.5	1:0.5~1:0.75	1:0.75~1:1.0
	新黄土Q_3		1:0.3~1:0.5	1:0.4~1:0.6	1:0.6~1:0.75	1:0.75~1:0.3
	老黄土Q_2		1:0.1~1:0.3	1:0.2~1:0.4	1:0.3~1:0.5	1:0.5~1:0.75
中部区	新黄土Q_3Q_4	坡积	1:0.5	1:0.5~1:0.75	1:0.75~1:1.0	
		洪积、冲积	1:0.2~1:0.3	1:0.3~1:0.5	1:0.5~1:0.75	1:0.75~1:1.0
	新黄土Q_3		1:0.3~1:0.4	1:0.4~1:0.5	1:0.5~1:0.75	1:0.75~1:1.0
	老黄土Q_2		1:0.1~1:0.3	1:0.2~1:0.4	1:0.3~1:0.5	1:0.5~1:0.75
	红色黄土Q_1		1:0.1~1:0.2	1:0.2~1:0.3	1:0.3~1:0.4	1:0.4~1:0.6
西部区	新黄土Q_3Q_4	坡积	1:0.5~1:0.75	1:0.75~1:1.0	1:1.0~1:1.25	
		洪积、冲积	1:0.2~1:0.4	1:0.4~1:0.6	1:0.6~1:0.75	1:0.75~1:1.0
	新黄土Q_3		1:0.4~1:0.5	1:0.5~1:0.75	1:0.75~1:1.0	1:1.0~1:1.25
	老黄土Q_2		1:0.1~1:0.3	1:0.2~1:0.4	1:0.3~1:0.5	1:0.5~1:0.75
北部区	新黄土Q_3Q_4	坡积	1:0.5~1:0.75	1:0.75~1:1.0	1:0.10~1:1.25	
		洪积、冲积	1:0.2~1:0.4	1:0.4~1:0.6	1:0.6~1:0.75	1:0.75~1:1.0
	新黄土Q_3		1:0.3~1:0.5	1:0.5~1:0.6	1:0.6~1:0.75	1:0.75~1:1.0
	老黄土Q_2		1:0.1~1:0.3	1:0.2~1:0.4	1:0.3~1:0.5	1:0.5~1:0.75
	红色黄土Q_1		1:0.1~1:0.2	1:0.2~1:0.3	1:0.3~1:0.4	1:0.4~1:0.6

（2）路基排水及陷穴处理

黄土地区路基排水是保证路基稳定的一项重要工作，尤其是要注意防冲、防渗、水土保持及陷穴。各种沟渠的位置断面形式、纵坡要求、水流进出口及加固类型可参照第6章选用。暗沟、暗洞、暗穴统称陷穴。对陷穴的处理，首先要查清陷穴的供给、来源、水量、发展方向及其对路基可能造成的危害。一般采用加填夯实、灌泥浆、设地下暗沟、渗沟等措施予以治理。为防止产生新的陷穴，应注意加强地面排水设施，防止地表积水或集中水流造成冲刷。

4.6.2　泥沼及软土地区路基

泥沼又称沼泽，地表经常过湿或有薄层积水，或有泥灰覆盖，甚至生长有喜水植物，地表下面含有腐殖质较多的腐泥或淤泥。软土是指水下沉积的软弱饱和黏性土层，具有天然含水量大、压缩性高、承载能力低及透水性差等特点。泥沼及软土均由泥炭、腐泥及淤泥所组成。该类地区筑路的主要问题是防止路基长期缓慢地、过量地沉陷,路堤边坡滑塌。其设计要点如下:

①选线时,尽量绕避,或选择泥沼、软土分布范围最窄、深度最浅、地势最高的地带通过。

②选用路堤断面形式的路基。

③填土高度既要满足最小填土高度,又要尽量避免超过极限高度。它又称临界高度,是指在天然的软土地基上,基底不作特殊加固处理,不控制填土速度所允许的最大填土高度,有条件时,可在工地进行填筑试验,也可按土的物理力学性质估算,通常为 3~5 m。

最小填土高度规定:当全部挖除泥炭后填筑路堤时,路堤在沉陷后高出泥沼之高度应不小于 0.8 m;部分挖除时,应不小于 1.2 m;不挖除时,路堤沉陷到泥沼或软土中的部分,应用渗水性土填筑,其高度应高出泥沼、软土表面或水面 0.5 m;水淹情况下,路堤边缘应高出水面 1.0 m。

④若填土高度超过极限高度,或虽稍低于极限高度,但建成后需立即通车,应对基底采取加固与处理措施。

⑤泥沼或软土底部横向坡度较大,或填土较高时,应验算基底稳定性,并采取防滑措施。

4.6.3　多年冻土地区路基

在天然条件下,年平均气温低于 0 ℃、冻结状态持续 3 年或 3 年以上的土层,称为多年冻土。其表层冬冻夏融,称为季节性冻融层。多年冻土层顶面距地表的深度,称为冻土上限,其值随地区、土类、潮湿状况、地形及保温情况而变,为 0.3~3.3 m,应通过实测、统计或经验公式确定。冻土上限值是多年冻土地区路基设计的重要数据。低温地带的多年冻土往往含有大量水分,或夹有冻层。多年冻土地区路基最常遇到的问题是冻胀,最突出的问题是热融沉陷。因此,设计这类路基的要点如下:

(1)路堤式路基应具有足够的高度

多年冻土地区路基,应尽量采用路堤形式。为避免冻胀、热融沉陷和翻浆等病害,路堤最小填土高度应同时满足保护多年冻土上限不下降的最小填土高度,以及防治翻浆和冻胀的最小填土高度 H_2。H_1、H_2 值可根据当地原有公路调查的资料确定。如无当地经验,H_1 值见表 4.7,H_2 值可取公路自然区划数据。若填土高度不能满足 H_1 要求,路基基底应另行处理。

表 4.7　H_1 值

地区	路面类型 H_1/m	
	白色路面	黑色路面
青藏高原多年冻土地区	0.5	0.9
兴安岭多年冻土地区	1.0	1.4

对饱冰冻土及含土冰层地段路基,其填土高度不能满足最小填土高度要求,基底的饱冰冻土层或含冰层应部分或分部换填以保温、隔水性较好的细颗粒土,如当地苔藓、草皮、塔头草、泥炭或黏性土等。若用粗颗粒土,其上部铺大于 0.1 m 厚的黏性土隔离层。两层之间设 0.2 m 的反滤层,同时设置保温护脚和护道。

对冻土沼泽地段路堤,不论基底地质条件如何,在路堤一侧或两侧设置排水沟或挡水埝。必要时,在基底铺设保温隔水及反滤层。

(2)路堑式路基应具有保温和隔水能力

在地下冰较发育路段,凡开挖部分(含边坡、基底)均应铺设保温层,基底部分应根据需要予以部分或全部换填。如图4.22所示为基底部分或全部换填示意图。

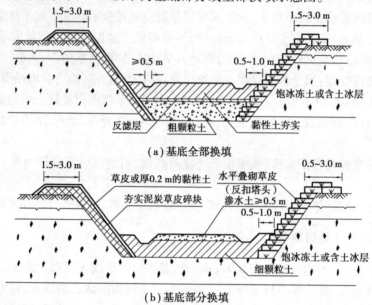

(a)基底全部换填

(b)基底部分换填

图4.22 基底换填示意图

边坡可放缓至1:1~1:2.0,边沟应有防渗漏措施。

(3)路基排水和取土坑要远离路基

地下水发育路段,宜以挡水埝代替截水沟。必须修建截水沟时,也要在挖方坡顶10 m以外。取土坑宜设在路堤上侧,天然护坡宽度一般为10 m。

(4)路线应绕避不良地质地段

路线应尽可能绕避冰锥、冰丘、冻土沼泽、热融湖塘地段。当路线必须通过时,路基除了采用上述措施处理外,还应进行个别设计。

4.6.4 盐渍土地区路基

不同程度的盐碱化土均为盐渍土。公路工程中,一般是指地表下1.0 m深的土层内易溶盐平均含量大于0.3%的土。盐渍土按含盐性质的不同,可分为氯盐渍土、亚氯盐渍土、亚硫酸盐渍土及碳酸盐渍土4种;按含盐程度的不同,又可分为弱盐渍土、中盐渍土、强盐渍土及过盐渍土4种。由于土中含有易溶盐,盐分改变了土的物理、力学及筑路性质,且随易溶盐的种类和含盐量的大小而变化。在干旱季节和干旱地区,盐类具有胶结和吸湿作用,有利于路基稳定。潮湿状态下,盐类使路基密度减小,承载力降低甚至丧失稳定性,造成道路泥泞、塌陷、翻浆等,硫酸盐类使土基松胀。有些盐渍土可用来筑路,有些必须弃之或采取措施后才能利用。盐渍土填筑路堤的可用性见表4.8。

表4.8　盐渍土路基填料可用性分类

编号	土的盐渍化程度	硫酸盐渍土及亚硫酸盐渍土	氯盐渍土及亚氯盐渍土		
		不分地区	Ⅵ1,Ⅶ2 自然区	Ⅵ1,Ⅶ1,Ⅶ4,Ⅶ6 自然区	Ⅱ2,Ⅱ3,Ⅱ4,Ⅲ,Ⅴ4,Ⅶ3,Ⅶ5 自然区
1	弱盐渍土	可用	可用	可用	可用
2	中盐渍土	可用	可用	可用	可用
3	弱盐渍土	一定条件下可用[1]	可用	有条件的可用[2]	采取措施后可用[3]
4	过盐渍土	不可用	有条件的可用[2]	采取措施后可用	不可用

注:1. 低级路面可用,高级路面不可用。

　　2. 水文、水文地质条件好时可用,或地下水位虽高,但为饱和矿化水时也可用。

　　3. 提高路基、设置毛细隔断层等措施。

盐渍土地区路基设计要点如下:

(1)路基应具有足够的高度

盐渍土地区地下水一般离地面较近。路基必须有足够的高度,包括路基边缘高出地面的最小高度及路基边缘高出地下水位的最小值,一般规定见表4.9。

表4.9　盐渍土路基边缘高出长期地下水位最小高度

路基土名称	路基边缘高出长期地下水位最小高度/m	
	弱盐渍土及中盐渍土	强盐渍土
中沙、细沙	1.0~1.2	1.1~1.3
沙性土	1.3~1.7	1.4~1.8
黏性土	1.8~2.3	2.0~2.5
粉性土	2.1~2.6	2.3~2.8

(2)设置隔离层,隔断毛细水

由于毛细水的作用,易溶盐从地下上升,随着水分蒸发,盐分结晶析出,积聚在地表,使路基冻胀、翻浆及盐化。因此,一般将基底表层含盐量高的土层铲除,并在路堤底部设置透水性或非透水性隔离层,以隔断毛细水。如用粗粒透水性材料,厚度为0.15~0.3 m。

(3)放缓边坡

根据盐渍土的土类及含盐情况,对强盐渍土的土类,路堤边坡可放缓到1:1.5~1:1.75,其他按一般路基设计。常水位以下路堤边坡,应采用1:3~1:2。

(4)提高压实度

提高路基压实度,可防止盐分的转移,保证路基的稳定。因此,盐渍土路基压实度应比一般地区路基的压实度适当提高1%~2%。常通过加大夯实功能,以提高盐渍土路基的压实度。

第 **5** 章
路基施工

5.1 路堤填筑与压实

5.1.1 基本要求

土质路基的挖填,首先必须做好施工排水,包括开挖地面临时排水沟槽及设法降低地下水位,以便始终保持施工场地的干燥。这不仅因为土在干燥状态下易于操作,而且控制土的湿度是确保路堤填筑质量的关键。从有效控制土的含水率需要出发,土质路基的施工作业面不宜太大,以有利于组织快速施工,随挖随运,及时填筑压实成型,减少施工过程中的日晒、雨淋,以保持土的天然湿度,避免过干或过湿。一般条件下,土的天然含水率接近最佳值,必要时,应考虑人工洒水或晾干措施。雨季施工,尤应按照施工技术操作规程的有关规定,加强临时排水,确保路基质量。过湿填土,碾压后形成弹簧现象,必须挖除重填。必要时,可采取其他相应的加固措施。

路基挖填范围内的地表障碍物,事先应予以拆除,其中包括原有房屋的拆迁,树木和丛林茎根的清除,以及表层种植土、过湿土与设计文件或规程所规定之杂物等的清除。在此前提下,必要时应按设计要求对路堤上层进行加固。

路基取土与填筑,必须有条不紊、有计划、有步骤地进行操作,这不仅是文明施工的需要,而且是选土和合理利用填土的保证。不同性质的路基用土,除按规定予以废弃和适当处治外,一般不允许任意混填。

土质路堤,应视路基高度及设计要求,先着手清理或加固地基。潮湿地基尽量疏干预压,如果地下水位较高,因工期紧或其他原因无法疏干,第一层填土适当加厚或填以沙性土后再予以压实。一般情况下,路堤填土应在全宽范围内,分层填平充分压实,每日施工结束时,表层填土应压实完毕,防止间隔期间雨淋或暴晒。分层厚度视压实工具而定,一般压实厚度为 20 ~ 25 cm。路堤加宽或新旧土层搭接处,原土层应挖成台阶,逐层填新土,不允许将薄层新填土层贴在原路基的表面。

土路堤分层填平压实,是确保施工质量的关键,任何填土和任何施工方法,均应按此要求组织施工。有关土基压实原理、方法及操作要求,详见本节所述。

路基原定设计要求及施工操作规程是路基施工的依据及质量检验的标准,必须严格执行。遇有特殊情况,无法按原设计和规程实施,需按基建程序中规定的手续,会同有关单位协商解决。路基填方材料应有一定的强度。

5.1.2　填挖方案

(1)路堤填筑

土质路堤(包括石质土)按填土顺序,可分为分层平铺和竖向填筑两种方案。分层平铺是基本的方案,如符合分层填平和压实的要求,则效果较好,且质量有保证,有条件时应尽量采用;竖向填筑是在特定条件下,局部路堤采用的方案。

1)分层平铺

分层平铺有利于压实,可保证不同用土按规定层次填筑。如图5.1所示为不同用土的组合方案。其中,正确方案要点是:不同用土水平分层,以保证强度均匀;透水性差的用土,如黏性土等,一般宜填于下层,表面成双向横坡,有利于排除积水,防止水害;同一层次有不同用土时,接搭处成斜面,以保证在该层厚度范围内,强度较均匀,防止产生明显变形。不正确的方案主要是指:未水平分层,有反坡积水,夹有冻土块和粗大石块,以及有陡坡斜面等。其主要问题是强度不均匀和排水不利。此外,还应注意用土不应含有害杂质(草木、有机物等)及未经处治的劣质土(细粉土、膨胀土、盐渍土与腐殖土等)。桥涵、挡土墙等结构物的回填土,以沙性土为宜,防止不均匀沉降,并按有关操作规程堆积回填和夯实。

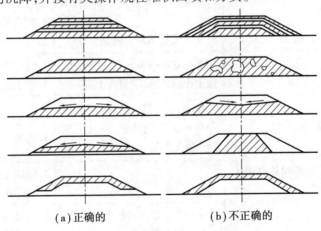

(a)正确的　　　　　　(b)不正确的

图5.1　土路堤填筑方案示意图

2)竖向填筑

竖向填筑是指沿路中心线方向逐步向前深填,如图5.2所示。路线跨越深谷或池塘时,地面高差大,填土面积小,难以水平分层卸土,以及陡坡地段上填挖路基,局部路段横坡较陡或难以分层填筑等,可采用竖向填筑方案。竖向填筑的质量在于密实程度,为此宜采用必要的技术措施。如选用振动式或锤式夯击机,选用沉陷量较小及粒径较均匀的

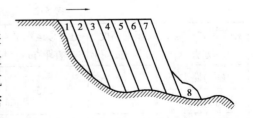

图5.2　竖向填筑方案示意图

砂石填料；路堤全宽一次成型；暂不修建较高级的路面，容许短期内自然沉落。此外，尽量采用混合填筑方案，即下层竖向填筑，上层水平分层。必要时，可考虑参照地基加固的注入、扩孔或强夯等措施，以保证填土具有足够的密实度。

（2）机械化施工

常用的路基土方机械有松土机、平土机、推土机、铲运机及挖掘机（配以汽车运土）。此外，还有压实机具及水力机械等。各种土方机械可进行单机作业，如平土机、推土机和铲运机等；以挖掘机为代表的主机，需要配以松土、运土、平土及压实等相应机具，相互配套，综合完成路基施工任务。

各种土方机械，按性能可完成路基土方的部分或全部工作。选择机械种类和操作方案，是组织施工的第一步。为能发挥机械的使用效率，必须根据工程性质、施工条件、机械性能及需要与可能，择优选用。

根据以往工程实践经验的总结，几种常用的土方机械适用范围见表5.1；按施工条件选择土方机械时，则可参考表5.2。

表5.1　常用土方机械适用范围

机械名称	适用的作业项目		
	施工准备工作	基本土方作业	施工辅助作业
推土机	1. 修筑临时道路 2. 推倒树木，拔除树根 3. 铲草皮，除积雪及建筑碎屑 4. 推缓陡坡地形，整平场地 5. 翻挖回填井、坑、陷穴、坟	1. 高度3 m以内的路堤和路堑土方 2. 运距100 m以内土的挖、填与压实 3. 傍山坡挖填结合路基土方	1. 路基缺口土方的回填 2. 路基粗平，取弃土方的整平 3. 填土压实，斜坡上挖台阶 4. 配合挖掘机与铲运机松土、运土
铲运机	1. 铲运草皮 2. 移运孤石	运距600～700 m以内的挖土、运土、铺平与压实（高度不限）	1. 路基粗平 2. 借土坑与弃土堆整平
自动平地机	除草、除雪、松土	修筑高0.75 m以内路堤与深0.6 m以内路堑，以及填挖结合路基的挖、运、填土	开挖排水沟，平整路基，修整边坡
松土机	翻松旧路面、清除树根与废土层、翻松硬土	—	1. 硬质土的翻松 2. 破碎0.5 m内的冻土层
挖掘机	—	1. 半径7 m以内的挖土与卸土 2. 装土供汽车远运	1. 挖沟槽与基坑 2. 水下捞土（反向铲土等）

表5.2　选择土方机械的施工条件

路基形式及施工方法	填挖高度/m	土方移运水平直距/m	主要施工机械名称	机械施工运距/m	最小工作地段长度/m
（一）路堤 路侧取土	<0.75	<15	自动平土机		300～500
路侧取土	<3.00	<40	80马力推土机	10～40	—

续表

路基形式及施工方法	填挖高度/m	土方移运水平直距/m	主要施工机械名称	机械施工运距/m	最小工作地段长度/m
路侧取土	<3.00	<60	100 ~ 140 马力推土机	10 ~ 60	—
路侧取土	<6.00	20 ~ 100	6 m³ 拖式铲运机	80 ~ 250	50 ~ 80
路侧取土	>6.00	50 ~ 200	6 m³ 拖式铲运机	250 ~ 500	80 ~ 100
远运取土	不限	<500	6 m³ 拖式铲运机	<700	>50 ~ 80
远运取土	不限	500 ~ 700	9 ~ 12 m³ 拖式铲运机	<1 000	>50 ~ 80
远运取土	不限	>500	9 m³ 自动铲运机	1 >500	>50 ~ 80
远运取土	不限	>500	自卸汽车运土	>500	(5 000 m³)
(二)路堑 路侧弃土	<0.60	<15	自动平土机		300 ~ 500
路侧弃土	<3.00	<40	80 马力推土机	10 ~ 40	—
路侧下坡弃土	<4.00	<70	100 ~ 140 马力推土机	10 ~ 70	—
路侧弃土	<6.00	30 ~ 100	6 m³ 拖式铲运机	100 ~ 300	50 ~ 80
路侧弃土	<15.0	50 ~ 200	6 m³ 拖式铲运机	300 ~ 600	>100
路侧弃土	>15.0	>100	9 ~ 12 m³ 拖式铲运机	<1 000	>200
纵向利用	不限	20 ~ 70	80 马力推土机	20 ~ 70	—
纵向利用	不限	<100	100 ~ 140 马力推土机	<100	—
纵向利用	不限	40 ~ 600	6 m³ 拖式铲运机	80 ~ 700	>100
纵向利用	不限	<800	9 ~ 12 m³ 拖式铲运机	<1 000	>100
纵向利用	不限	>500	9 ~ 12 m³ 拖式铲运机	>500	>100
纵向利用	不限	>500	自卸汽车运土	>500	(5 000 m³)
(三)填挖横向利用	不限	<60	80 ~ 140 马力斜角推土机	10 ~ 60	—

注:表中均指中等坚硬类土,如土质坚硬时应选用松土机将土疏松。1 马力 =735.489 W。

工程实践证明,机械设备如果使用不当,组织管理不善,配合不好,机械化施工就显示不出其优越性,甚至适得其反,造成浪费。

各种机具设备均有其独特性能和操作技巧,应配有专职人员使用与保养,严格执行操作规程。对于整个施工组织管理以及指挥调度方面而言,组织机械化施工应注意以下 4 点:

①建立健全施工管理体制与相应组织机构。一般宜成立专业化的机械施工队伍,以便统一经营管理,独立经济核算。

②对每项路基工程,应有严密的施工组织计划,并合理选择施工方案,在服从总的调度计划安排下,各作业班组或主机,均编制具体计划。在综合机械化施工中,尤其要加强作业计划工作。

③在机具设备有限制的条件下,要善于抓重点,兼顾一般。所谓重点,是指工程重点。在网络计划管理中,重点就是关键线路;在综合机械化作业中,重点就是主机的生产效率。

④加强技术培训,坚持技术考核,开展劳动竞赛,鼓励技术革新,实行安全生产、文明施工,将提高劳动生产率、节省能源、减少开支等指标具体化、制度化。

以上4点对机械化施工、整个路基工程及公路施工均具有普遍指导意义,对综合机械化作业具有更重要的指导意义。

5.1.3 路基压实

(1)路基压实的意义与机理

路基施工破坏土体的天然状态,致使结构松散,颗粒重新组合。为使路基具有足够的强度与稳定性,必须予以压实,以提高其密实程度。因此,路基的压实工作是路基施工过程中一个重要工序,也是提高路基强度与稳定性的根本技术措施。

土是三相体,土粒为骨架,颗粒之间的空隙为水分和气体所占据。压实的目的在于使土粒重新组合,彼此挤紧,空隙缩小,土的单位质量提高,形成密实整体,最终导致强度增加,稳定性提高。这一点已为无数试验与实践反复证明。大量试验和工程实践还证明,路基压实后,路基的塑性变形、渗透性、毛细水作用及隔温性能等均有明显改善。

(2)影响压实效果的主要因素

对细粒土的路基,影响压实效果的因素有内因和外因两方面。内因是指土质和湿度;外因是指压实功能(如机械性能、压实遍数与速度和土层厚度等)以及压实时的自然和人为的其他因素等。

为了更简明、直观地阐明主要因素对压实的影响,以及为何选用干重度作为表征土基密实程度的技术指标,可参见如图5.3所示的关系曲线。

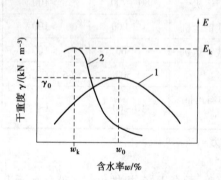

图 5.3 土基的 E、γ 与 w 关系示意图
1—γ 与 w 关系;2—E 与 w 关系

图 5.3 中曲线 1 的驼峰曲线,表明干重度 γ 随含水率 w 而变的规律性。在同等条件下,一定含水率之前,γ 随 w 增加而提高,主要原因在于水起润滑作用,土粒间阻力减小,施加外力后,空隙减小,土粒被挤紧,γ 得以提高。γ 值达到最大值后,再继续增大,土粒空隙被水分占据,而水一般不为外力所压缩,因而 w 增大,γ 随之降低。通常在一定压实条件下干重度的最大值,称为最大干重度 γ_0(驼峰曲线的最高点),相应的含水率称为最佳含水率 w_0。由此可知,压实时,如能控制土的含水率为最佳含水率 w_0,则压实效果最好,耗费的压实功能最为经济。

如果以形变模量 E 代替 γ,它与 w 也具有类似的驼峰形曲线关系,而且最高点的 E_k 及其相应 w_k 值,与 γ_0 及 w_0 有别。曲线 2 表明,土体含水率未达到最佳含水率 w_0 之前($w_0 > w_k$),土体强度已达最高值 E_k,这是因为土中含水率较少时(指 w_k),土粒间的阻力较大,欲使土粒继续位移,需要更大的外力,故表现为 E_k 最高。而土的含水率在 w_k 值后增加,相应的 E 随之降低。

路面设计时,一般是以回弹模量作为土基的强度指标。为什么不直接用回弹模量来控制土基压实程度,而用干重度表示压实程度,这一点可通过图5.4来分析说明。如图5.4所示为饱水前后的压实试验结果对照曲线关系图。由图5.4可知,饱水后,γ 与 E 均有所降低,而在 w_0 时,两者的降低值($\gamma_0 - \gamma_s$,或 $E'_k - E'_s$)均最小。换言之,在土体处于最佳含水率 w_0 时压实的土基,其强度和稳定性最好。如果以 w_k 为准,尽管相应的 E_k 最高,但饱水后的 E'_s 却大大降低,水稳性极差。这就是选用 γ_0 及相应 w_0 作为控制土基压实指标的机理所在。

土质对压实效果的影响也很大。一般规律是:土质不同,γ_0 与 w_0 数值也不一样,如分散性(液限、黏性)较高的土,其 w_0 值较高,γ_0 值较低;沙类土的压实效果优于黏质土,图5.5是一个示例。其机理在于土粒越细,比表面积越大,土粒表面水膜所需之水分也越多,加之黏土中含有亲水性较高胶体物质所致。沙类土的颗粒粗,呈松散状态,水分极易散失,最佳含水率的概念对沙质土没有多大的实际意义。

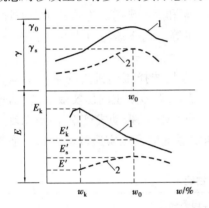
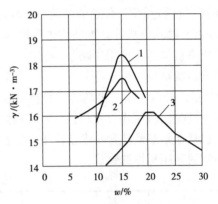

图5.4 饱水前后压实指标对照示意图　　　图5.5 几种土质的压实曲线对照图
　　　1—饱水前;2—饱水后　　　　　　　1—粉土质沙;2—黏土质沙;3—高液限黏土

压实厚度对压实效果具有明显影响。相同压实条件下(土质、湿度与功能不变),通过实测土层不同深度的密实度(γ 或压实度)得知,密实度随深度递减,表层 5 cm 内密实度最好。不同压实工具的有效压实深度有所差异,根据压实工具类型、土质及土基压实的基本要求,路基分层压实的厚度,有具体规定数值。一般情况下,夯实时路基厚度宜不超过 20 cm,采用 12 ~ 15 t光面压路机压实,路基厚度宜不超过 25 cm;采用振动压路机或夯击机时,宜以 50 cm 为限。实际施工时的压实厚度应通过现场试验确定。

压实功能(是指压实工具的质量、碾压次数或锤落高度、作用时间等)对压实效果的影响,是除含水率之外影响压实效果的另一重要因素。如图5.6所示压实功能(综合因素)与压实效果的关系曲线。曲线表明,同一种土的最佳含水率,随压实功能的增大而减小,最大干重度则随压实功能的增大而提高;在相同含水率条件下,压实功能越高,土基密实度(即 γ)越高。据此规律,在工程实践中可通过增大压实功能(选用重碾,增加次数或延长时间等)来提高路基强度或降低最佳含水率。但必须指出,用增大压实功能的办法提高土基强

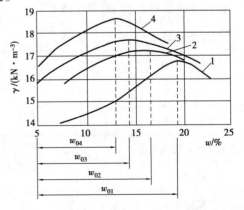

图5.6 不同压实功能的压实曲线对照图

度的效果有一定局限性,压实功能增大到一定程度,压实度的提高趋向缓慢,甚至压实功能过大,会破坏土基结构,适得其反。相比之下,严格控制最佳含水率,要比增加压实功能收效大得多。当含水率不足、洒水有困难时,适当增大压实功能,可以收效;当土的含水率过大,此时如果增大压实功能,必将出现"弹簧现象",压实效果很差,造成返工浪费。因此,路基施工时,控制路基土体处于最佳含水率是首要关键,在此前提下采取分层填土,控制有效土层厚度。必要时,适当增大压实功能,乃路基压实工作的基本要领。

图 5.6 中,1,2,3,4 曲线的压实功能分别为 600,1 150,2 300,3 400 kN · m。

(3)压实机具的选择与操作

压实机具的选择以及是否合理地操作也会影响路基压实效果。

路基压实机具的类型较多,大致分为碾压式、夯击式和振动式三大类型。碾压式(又称静力碾压式)包括光面碾(普通的两轮和三轮压路机)、羊足碾和气胎碾等。夯击式中有夯锤、夯板、风动夯及蛙式夯机等。振动式中有振动器、振动压路机等。此外,运土工具中的汽车、拖拉机以及土方机械等也可用于路基压实。

不同压实机具适用于不同土质及不同土层厚度,这也是选择压实机具的主要依据。表5.3 所列是几种常用压实机具的一般技术性能。一般情况下,对沙质土的压实效果,振动式较好,夯击式次之,碾压式较差;对黏质土,则宜选用碾压式或夯击式,振动式较差,甚至无效。不同压实机具在路基最佳含水率条件下,适应于一定的压实厚度以及压实遍数。表 5.4 是各种土质适宜的碾压机械的建议。

表 5.3　压路机的技术性能

机具名称	最大有效压实厚度（实厚）/m	碾压行程次数			适宜的土类
		黏质土	粉质土	沙质土	
人工夯实	0.10	3 ~ 4	1 ~ 3	2 ~ 3	黏质土与沙质土
查引式光而碾	0.15	—	7	5	黏质土与沙质土
羊足碾(2 个)	0.20	10	6	—	黏质土
自动式光面碾 5 t	0.15	12	7	—	黏质土与沙质土
自动式光面碾 10 t	0.25	10	6	—	黏质土与沙质土
气胎路碾 25 t	0.45	5 ~ 6	3 ~ 4	1 ~ 3	黏质土与沙质土
气胎路碾 50 t	0.70	5 ~ 6	3 ~ 4	2 ~ 3	黏质土与沙质土
夯击机 0.5 t	0.40	4	2	1	沙质土
夯击机 1.0 t	0.60	5	3	2	沙质土
夯板 1.5 t,落高 2 m	0.65	6	2		沙质土
履带式	0.25	6 ~ 8	6 ~ 8	6 ~ 8	黏质土与沙质土
振动式	0.40	—	2 ~ 3	2 ~ 3	沙质土

表 5.4 各种土质适宜的碾压机械

机械名称	土的分类				
	细粒土	沙类土	砾石土	巨粒土	备 注
6~8 t 两轮光轮压路机	A	A	A	A	用于预压整平
12~18 t 两轮光轮压路机	A	A	A	B	最常使用
25~50 t 轮胎压路机	A	A	A	A	最常使用
羊足碾	A	C 或 B	C	C	粉土、黏土质沙可用
振动压路机	B	A	A	A	最常使用
凸块式振动压路机	A	A	A	A	最宜使用含水率较高的细粒土
手扶式振动压路机	B	A	A	C	用于狭窄地点
振动平板夯	B	A	A	B 或 C	用于狭窄地点,机械质量大于 800 kN 的可用于巨粒土
手扶式振动夯	A	A	A	B	用于狭窄地点
夯锤(板)	A	A	A	A	夯击影响深度最大
推土机,铲土机	A	A	A	A	仅用于摊平土层和预压

注:1. 表中符号:A 代表适用;B 代表无适当机械时可用;C 代表不适用。

2. 土的类别按现行《公路土工试验规程》(JTG E40—2007)的规定划分。

3. 对特殊土和黄土(CLY)、膨胀土(CHE)、盐渍土等的压实机械选择可按细粒土考虑。

4. 自行式压路机宜用于一般路堤、路堑基底的换填等压实,宜采用直线式进退运行。

5. 羊足碾(包括凸块碾、条式碾)应有光轮压路机配合使用。

压实机具对土施加的外力应有所控制,以防功能太大,压实过度,造成失效、浪费。一般认为,压实时的单位压力,应不超过土的极限强度。不同土的极限强度与压实机具的质量、相互接触面积、施荷速度及作用时间(遍数)等因素有关。表 5.5 所列是在最佳含水率条件下几类压实机具对不同土质作用时的强度,可供选择机具和控制压实功能时参考。

表 5.5 压实时土的极限强度

土类	土的极限强度/MPa		
	光面碾	气胎碾	夯板(直径 70~100 cm)
低黏性土(沙质土)	0.3~0.6	0.3~0.4	0.3~0.7
中等黏性土(粉质)	0.6~1.0	0.4~0.6	0.7~1.2
高黏性土(黏质土)	1.0~1.5	0.6~0.8	1.2~2.0

实践经验证明,路基压实时,在机具类型、土层厚度及碾压遍数已选定的条件下,压实操作时宜先轻后重、先慢后快、先边缘后中间(超高路段等,则宜先低后高)。压实时,相邻两次的轮迹应重叠轮宽的 1/3,保持压实均匀,不漏压,对压不到的边角,应辅以人力或小型机具夯实。在压实全过程中,应经常检查含水率和密实度,以达到规定压实度的要求。

(4)路基压实标准

路基野外施工受种种条件限制,不能达到室内标准击实试验所得的最大干重度(γ_0),应予适当降低。令工地实测干重度为γ,它与γ_0值之比的相对值,称为压实度K。已知γ_0值,规定压实度K,则工地实测干重度γ值应符合要求

$$\gamma = K \cdot \gamma_0 \tag{5.1}$$

压实度K就是现行规范规定的路基压实标准。正确选定K值,关系路基受力状态、路基路面设计要求、施工条件,必须兼顾需要与可能,讲究实效与经济。

如图5.7所示为路基受力时,土中应力σ随深度Z变化的关系曲线示意图。可知,路基表层受行车作用力影响最大,由顶部向下受力急剧减小,在行车荷载作用下,其影响深度在$1.0 \sim 2.0$ m,Z更大时路基主要承受路基本身重力。因此,路基填土的压实度应是由下而上逐渐提高标准。

公路等级越高,对路基强度要求应相应提高;自然条件越差,对路基的强度与稳定性越不利;路基挖填不同,对路基的强度与稳定性也有差异。基于上述分析,《公路路基设计规范》(JTG D30—2015)规定的路基压实度K见表5.6。

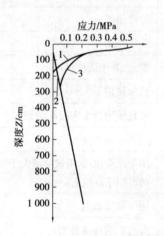

图5.7 路基应力随深度变化曲线示意图
1—行车荷载;2—路基自重曲线;
3—两者叠加曲线

表5.6 路基压实度要求

路基部位		路面底面以下深度/m	路基压实度/%		
			高速公路、一级公路	二级公路	三级、四级公路
上路床		0 ~ 0.3	≥96	≥95	≥94
下路床	轻、中等及重交通	0.3 ~ 0.8	≥96	≥95	≥94
	特重、极重交通	0.3 ~ 1.2	≥96	≥95	—
上路堤	轻、中等及重交通	0.8 ~ 1.5	≥94	≥94	≥93
	特重、极重交通	1.2 ~ 1.9	≥94	≥94	—
下路堤	轻、中等及重交通	1.5 以下	≥93	≥92	≥90
	特重、极重交通	1.9 以下			

注:1. 表列压实度系按现行《公路土工试验规程》(JTG E40—2007)重型击实试验法求得的最大干密度的压实度。
    2. 当三级、四级公路铺筑沥青混凝土和水泥混凝土路面时,其压实度应采用二级公路的压实度标准。
    3. 路堤采用粉煤灰、工业废渣等特殊填料,或处于特殊干旱或特殊潮湿地区时,在保证路基强度和回弹模量要求的前提下,通过试验论证,压实度标准可降低1~2个百分点。

表5.6所列压实度是以《公路工程技术标准》(JTG B01—2014)重型击实试验法为准。由于特殊干旱地区雨水较少,地下水位也较低,压实度稍有降低不致影响路基的坚固、稳定和耐久性能,加之水量稀少,天然土的含水率大大低于土的最佳含水率,要使路基到最佳含水率并

压实到表5.6的规定确有困难。因此,特殊干旱地区的压实度可适当降低。当三级、四级路修筑沥青混凝土或水泥混凝土路面时,路基压实度应采用二级公路标准。

填石路堤,包括分层填筑爆破石块的路堤,不能用土质路基的压实度来判定路基的密实程度。我国《公路路基施工技术规范》(JTG F10—2006)规定,填石路堤施工质量按压实后的石料孔隙率作为检验标准,填石路堤上下路堤压实质量标准见表5.7—表5.9,填石料的分类根据石料饱和抗压强度指标按表5.10选取。

表5.7　硬质石料压实质量控制标准

路基部位	路面底面以下深度/m	摊铺层厚/mm	最大粒径/mm	压实干密度/(kN·m⁻³)	孔隙率/%
上路堤	0.80 ~ 1.50 (1.20 ~ 1.90)	≤400	小于层厚2/3	由试验确定	≤23
下路堤	>1.50 ≤600	小于层厚2/3	由试验确定	≤25	

注:"路面底面以下深度"栏,括号中数值分别为特重、极重交通的上路堤、下路堤的深度范围。

表5.8　中硬石料压实质量控制标准

路基部位	路面底面以下深度/m	摊铺层厚/mm	最大粒径/mm	压实干密度/(kN·m⁻³)	孔隙率/%
上路堤	0.80 ~ 1.50 (1.20 ~ 1.90)	≤400	小于层厚2/3	由试验确定	≤22
下路堤	>1.50 (>1.90)	≤500	小于层厚2/3	由试验确定	≤24

注:"路面底面以下深度"栏,括号中数值分别为特重、极重交通的上路堤、下路堤的深度范围。

表5.9　软质石料压实质量控制标准

路基部位	路面底面以下深度/m	摊铺层厚/mm	最大粒径/mm	压实干密度/(kN·m⁻³)	孔隙率/%
上路堤	0.80 ~ 1.50 (1.20 ~ 1.90)	≤300	小于层厚	由试验确定	≤20
下路堤	>1.50 (>1.90)	≤400	小于层厚	由试验确定	≤22

注:"路面底面以下深度"栏,括号中数值分别为特重、极重交通的上路堤、下路堤的深度范围。

表5.10　岩石分类表

岩石类型	单轴饱和抗压强度/MPa	代表性岩石
硬质岩石	≥60	1. 花岗岩、闪长岩、玄武岩等岩浆岩类 2. 硅质、铁质胶结的砾岩及砂岩、石灰岩、白云岩等沉积岩类
中硬岩石	30 ~ 60	3. 片麻岩、石英岩、大理岩、板岩、片岩等变质岩类

续表

岩石类型	单轴饱和抗压强度/MPa	代表性岩石
软质岩石	5～30	1. 凝灰岩等喷出岩类 2. 泥砾岩、泥质砂岩、泥质页岩、泥岩等沉积岩类 3. 云母片岩或千枚岩等变质岩类

土质路基的压实度试验方法可采用灌砂法、环刀法、灌水法(水袋法)或核子密度湿度仪法。采用核子密度湿度仪法时,应先进行校正和标定。

5.2 路堑开挖

路堑开挖,应在全横断面进行,自上而下一次成型,注意按设计要求准确放样,不断检查校正,边坡表面削齐拍平。路堑底面,如土质坚实,应尽量不扰动,予以整平压实;如果土质较差、水平条件不良,应根据路面强度设计要求,采取加深边沟、设置地下盲沟以及挖松表层一定深度原土层,重新分层填筑与压实。必要时,予以换土和加固,以确保路堑底层土基的强度与稳定性,达到规定标准。这对修筑耐久性路面尤为重要。

5.2.1 土质路堑

土质路堑开挖,根据挖方数量大小及施工方法的不同,按掘进方向可分为纵向全宽掘进和横向通道掘进两种。同时,又可在高度上分为单层或双层和纵横掘进混合等(以上掘进方向,依路线纵横方向命名)。

(1)纵向全宽掘进

纵向全宽掘进是在路线一端或两端,沿路线纵向向前开挖,如图 5.8 所示。单层掘进的高度,即等于路堑设计深度。掘进时,逐段成型向前推进,运土由相反方向送出。单层纵向掘进的高度,受到人工操作安全及机械操作有效因素的限制,如果工期紧迫,对较深路堑,可采用双层掘进法,上层在前,下层随后,下层施工面上留有上层操作的出土和排水通道。

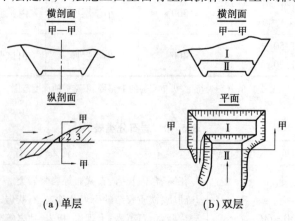

(a)单层   (b)双层

图 5.8 纵向掘进示意图

（2）横向通道掘进

横向通道掘进是先在路堑纵向挖出通道,再分段同时向横向掘出,如图5.9所示。此法可扩大施工面,加速施工进度,在开挖长而深的路堑时用。施工时,可分层和分段,层高和段长视施工方法而定。该法工作面多,但运土通道有限制,施工的干扰性增大,必须周密安排,以防在混乱中出现质量或安全事故。个别情况下,为了扩大施工面,加快施工进度,对土质路堑的开挖,还可考虑采用双层式纵横通道的混合掘进方案,同时沿纵横的正反方向,多施工面同时掘进,如图5.9(b)所示。混合掘进方案的干扰性更大,一般仅限于人工施工。对深路堑,如果挖方工程数量大及工期受到限制时,可考虑采用。

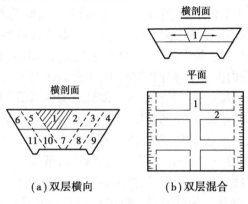

图5.9　横向和混合掘进示意图

5.2.2 石方路堑

石方路堑的开挖方式主要有爆破法和松土法。其中,爆破法主要包括钢钎法、深孔爆破、葫芦炮、光面/预裂爆破及抛坍爆破。

石方路堑的开挖应根据不同地质、不同开挖断面、不同位置,选择不同的开挖方式。对深度小于4 m的路堑,均采取线孔爆破,深路堑采用深孔爆破,边坡采用光面爆破,控制坡率,其他部位采用松动爆破。石方开挖前,应进行爆破试验,以便选择爆破最佳参数。爆破后,采用挖掘机装渣,自卸汽车运输,人工配合机械刷坡,修整路面。有关爆破施工的详细内容将在下节进行介绍。

5.3　石质路基爆破施工

在路基工程施工中,除了需要修筑路堤和开挖路堑外,当线路通过山区、丘陵以及傍山沿溪段时,还会遇到集中的和分散的岩土地区,这样就必须进行石方施工。此外,在路面和其他附属工程中也需要大量的石料,因此,也需要开采加工。以往石方工程主要依靠人力施工,这样不但效率低、进度慢,而且劳动强度大。目前,石方工程多采用钻孔爆破,而且药孔也逐渐由浅孔到深孔,并发展到综合爆破,同时又改进了炸药的配剂和混合工艺,不但提高了施工效率,而且使施工技术获得重大革新。

随着机械化水平的不断提高,对路堑或半路堑岩石地段,多采用大孔径的深孔爆破和微差爆破法,使多至几百个药孔按顺序起爆,从而大大提高爆破威力。爆破后的清方和装运也基本实现机械化。

5.3.1 爆破的基本概念

所谓爆破,就是利用炸药爆炸时产生的热量和高压,使岩体和周围介质受到破坏和移位。

为了爆破某一岩体,可在岩体内或表面放置一定数量的炸药,这种炸药称为药包。药包在均质的岩体内爆炸时,爆炸力是向四周扩展的,紧靠药包部分的岩石,受到的冲击挤压力最大,随着离药包距离的增大,作用力也逐渐减弱。按照岩体受爆炸波作用而破坏的程度,可把爆炸作用范围由近而远划分成4个作用圈,即压缩圈、抛掷圈、松动圈及振动圈。其中,压缩圈范围内的岩石受到极度压缩而粉碎;抛掷圈内的岩石由于受爆炸波的冲击较大,岩石被压碎成小块,如果岩体的抵抗力不足,就会被抛掷出去;松动圈内的岩石由于受爆炸波影响较小,岩体破裂而产生松动现象;振动圈内由于受爆炸影响很小,因此岩体只受到振动。这些作用圈的半径分别被称为压缩、抛掷、松动及振动半径。前3个圈统称为破坏圈,其半径称破坏半径。

在一个岩体性质相同的地面下,不同的位置和不同的深度上,放置药量相等的药包,如图5.10所示。这时的地面是一个自由面,或称临空面。药包到自由面的垂直距离,称为最小抵抗线 W,是岩体抵抗力最弱的一个方向。当药包埋置较深,抵抗线 W 较大时,爆破后药包周围的岩石产生粉碎和裂隙,自由面只受到振动,并无破坏,这种爆破称为压缩爆破,如图5.10(a)所示。当最小抵抗线减少到某一临界值时,爆破后,药包以上直到表面岩石都受到破坏而松动,但无抛掷现象,这种爆破称为松动爆破,如图5.10(b)所示。当最小抵抗线形再减少时,爆破后岩石不但松动,而且有向四周抛出的现象,这种爆破称为抛掷爆破,如图5.10(c)所示。

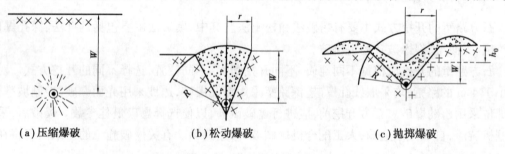

(a)压缩爆破　　　　　　(b)松动爆破　　　　　　(c)抛掷爆破

图5.10　药包爆破效果图

在松动爆破和抛掷爆破的情况下,从药包到临空面的上方形成一个漏斗状的爆坑,称为爆破漏斗。它由以下几个尺寸构成,即最小抵抗线 W、漏斗口半径 r 和漏斗可见深度 h。很显然,r 和 W 两者的尺寸决定着爆破漏斗的基本形状,也反映了不同的爆破效果。通常 r 和 W 的比值称为爆破作用指数 n,即

$$n = \frac{r}{W} \tag{5.2}$$

为了进一步区别不同的爆破效果,可将爆破漏斗按爆破作用指数 n 的大小分为3种情况:当 $n=1$ 时,称为标准爆破漏斗,爆破后只有部分岩石抛到漏斗外面,产生这种漏斗所用的炸药称为标准抛掷药包;当 $n>1$ 时,称为加强抛掷漏斗,爆破后绝大部分岩石抛掷到漏斗外部,所用药包称为加强抛掷药包;当 $n<1$ 时,称为弱抛掷漏斗,此时只有一小部分岩石抛到漏斗外面,所用药包称为弱抛掷药包。当 $n \sim 0.75$ 和 $n < 0.75$ 时,所用药包分别形成松动爆破和压缩

爆破。

抛掷爆破多用于大爆破工程,其中定向爆破就是抛掷方向、距离、数量及时间都有所控制的一种抛掷爆破。松动爆破多用在开挖路堑、巷道掘进以及采石工程等。压缩爆破多用在扩张桩基、水下压实等方面。

5.3.2　炸药、起爆器材和起爆方法

炸药的种类很多,在石方爆破中常用的有起爆炸药和爆破炸药两种。

(1)起爆炸药

它是一种爆炸速度极高的烈性炸药,爆速可达 2 000 ~ 8 000 m/s。它主要用于制造雷管和速燃导火索等。常用的有雷汞、叠氮铅等。

(2)爆破炸药

爆破炸药是指用于对岩石或其他介质进行爆破的炸药。其敏感性低,需在起爆炸药强力的冲击下才能爆炸。工程常用的爆破炸药有以下 4 种:

1)黑色炸药

它是由硝酸钾(或硝酸钠)、硫黄和木炭所组成的混合物,对火星和冲击极敏感,易燃烧爆炸,怕潮湿,威力低,适用于石料开采。

2)硝铵炸药

它是由硝酸铵、梯恩梯和少量木粉所组成的混合物,对冲击或摩擦不敏感,吸湿能力强,受潮后不能充分爆炸。常用的有以下 3 种:

①岩石铵梯炸药

它有 1 号和 2 号两种(号数大的威力小)。其特点是威力大,适用于没有煤尘和沼气爆炸危险的矿井和岩石爆破。

②露天铵梯炸药

它有 1,2,3 号,这种炸药爆炸后产生的有毒气体较多,只能在露天爆破工程中使用。

③铵油炸药

它的爆炸威力稍低于 2 号岩石铵梯炸药,但抛掷效果好,起爆较难,易受潮。它制造方便,成本低,是目前露天爆破中使用最多的一种。

3)胶质炸药

它由硝化甘油和硝酸铵的混合物,另混入一些木粉和稳定剂制成。其特点是对冲击、摩擦和火星都很敏感。但抗水性较强,爆炸威力大,适用于水下和硬岩石爆破。

4)梯恩梯(三硝基甲苯)

它呈结晶粉末状,淡黄色,压制后呈黄色,熔铸块呈褐色,不吸湿,爆炸威力大。但本身含氧不足,爆炸时产生有毒的一氧化碳气体,不宜用于地下作业。

雷管是常用的起爆器材。按照引爆方式,可分为火雷管和电雷管。火雷管(普通雷管)是用导火线点燃起爆药包用的,一般分为 10 个规格,工程上常用规格为 6—8 号。电雷管与火雷管类似,所不同的是用一个电器点火装置代替了导火索起爆,分为即发、延发和毫秒雷管。

通过电爆网路实现起爆的,称为电力起爆。电雷管的连接形式有串联、并联和混联 3 种。

火花起爆是利用导火索燃烧引爆雷管,从而使药包爆炸。

此外,还有传爆线起爆法。传爆线的索芯是用高级烈性炸药制成,但着火较难,使用时须

在药室外的一段传爆线上捆扎一个 8 号雷管来传爆。传爆网路与药包的连接方式有关,有串联、并联和并簇联等。

5.3.3 凿岩工程

凿岩工程中的钻孔工作,在整个爆破工程中所占的时间比例是较大的,因此,提高钻孔工程的效率对工程进度影响相当重要。

在钻孔工程中,采用的机械设备有空气压缩机、凿岩机和穿孔机等。

根据使用的动力不同,凿岩机有风动、电动、液压及内燃凿岩机等。目前,使用较多的是风动式。

空气压缩机是风动凿岩机的动力源。目前,使用的有活塞式、滑片式和螺杆式 3 种。各种类型的空气压缩机分移动式、半固定式。各种空气压缩机的特点如下:

①活塞式空气压缩机的特点是结构复杂,工作效率低,排出的压缩空气是间隔脉动的。但使用成本低,耐久性和使用寿命长,制造较容易,操作和维修方便。

②滑片式空压机也称旋转叶片式压缩机,是通过转动叶片来实现气体压缩,最终将实现机械能转化成风能的一种压缩机,它属于容积式压缩机的一种。此外,滑片磨损快,使用寿命短,要有足够的润滑油来润滑滑片与气缸,这样排出的压缩空气混有油污,必须有专门的分离措施才能使用。

③螺杆式空气压缩机具有结构简单、可高速旋转、效率高、运转平稳及体积小等优点。此外,还有强制输气的特点,因此排气量几乎不随排气压力而变化。其缺点是工作时噪声大,故必须设有良好的消声设备。因上述优点,故有取代活塞式空气压缩机的趋势。

凿岩机与空气压缩机是通过输气管道连接的,一般多用高压胶管。在工程量大而集中、施工期长的工地中,应选用钢管作为输出主管。输气管的内径应根据通过的总气量和输送的长短而定。其原理是保证最远的施工点有足够气压(不低于 600 kPa),以保证凿岩机正常工作。

凿岩机采用的钻孔工具有两种:一种是钢钎;另一种是活动钻头。前者钻杆和钻头制成一体;后者是钻杆和钻头通过螺纹联接,一般钢钎和钻杆都是用六角形或圆形空心碳素钢制成的,因此只能用于硬度不大的岩石。钢钎磨钝后可用锻钎机修整。活动钻头在钻头的刃口处镶有硬质合金刀头(铬钨钢或铬钒钢),钻头磨钝后,可随时卸下更换,因此工作效率高,同时也减少锻钎过程所消耗的钢材。

5.3.4 爆破工程

石方爆破施工包括炮孔位置的选择、凿孔、装药、堵塞、引爆及清方等工序。

(1)炮孔位置的选择

炮孔位置的选择是十分重要的,因炮孔的位置、方向和深度都会直接影响爆破效果。选择孔位时,应注意岩石的结构,避免在层理和裂缝处凿孔,以免药包爆炸时气体由裂缝中泄出,使爆破效果降低或完全失效。炮孔应选在临空面较多的方位,如图 5.11(a)所示;或有意识地改造地形,使第一次爆破为第二次爆破创造较多的临空面,如图 5.11(b)所示。其他爆破参数应根据工地的具体情况和实践经验来确定。一般经验数值如下:

1)最小抵抗线

抵抗线过大,会使岩块过大,且容易残留炮根;过小,会导致岩石飞散和炸药的消耗量增加。最小抵抗线一般为梯段高度的 70% ~ 80%。

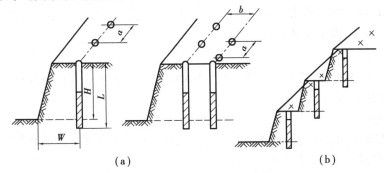

图 5.11　改造地形增加临空面

H—岩石厚度;L—炮孔深度;W—最小抵抗线;a—孔距;b—行距

2)炮孔深度

采用台阶式爆破时,炮孔的深度应使爆破后的地面尽量与原地面平齐。较硬的岩石易留炮眼,炮眼的深度 L 应大于岩层厚度 H。对软岩石可小于台阶高度,一般要求如下:

坚石

$$L = (1.0 ~ 1.15)H$$

次坚石

$$L = (0.85 ~ 0.95)H$$

软石

$$L = (0.7 ~ 0.9)H$$

3)炮孔距离

炮孔距离即两孔之间的距离,又称孔距 a。它的大小与起爆方法和最小抵抗线有关。

火花起爆

$$a = (1.4 ~ 2.0)W$$

电起爆

$$a = (0.8 ~ 2.3)W$$

采用多排炮孔爆破时,炮孔应呈梅花形交错布置。两排炮孔之间行距 b 约为 $0.86a$。

(2)凿孔

选孔工作完成后,即可进行凿孔。凿孔的技术要求与采用何种爆破方法有关。目前,使用的有浅孔爆破和深孔爆破两种。

1)浅孔爆破

一般爆破的岩石数量不大,药包是装入平行排列的工作面内的,可凿成一行或多行炮孔。通常多用手提式凿岩机凿孔,孔径在 75 mm 以内,孔深不超过 5 m,可用电力或速燃引爆线引起药包同时爆炸。这种爆破适用于工程不大的路堑开挖、采石和大块石的再爆破等。其用药量多根据炮孔深度和岩石性质而定。一般装药深度为孔深的 1/3 ~ 1/2。

2)深孔爆破

对孔深大于 5 m、孔径大于 75 mm 的炮孔进行爆破,通称深孔爆破。钻凿大型炮孔多采用冲击式钻机或潜孔钻机。因一次爆破的石方量大,从而加快施工进度,如果有适当的装运机械配合,则可全面实现机械化快速施工,是今后石方开挖的发展方向。

（3）装药

就是把炸药按照施工要求装入凿好的药孔内。装药的方式也是根据爆破方法和施工要求不同而各异。一般有以下4种：

1）集中药包

如图5.12（a）所示，炸药完全装在炮孔的底部。这种方式对工作面较高的岩石，崩落效果较好，但不能保证岩石均匀破碎。

2）分散药包

如图5.12（b）所示，炸药沿孔深的高度分散装置。这种方式可使岩石均匀地破碎，适用于高作业面的开挖段。

3）药壶药包

如图5.12（c）所示，它是在炮孔的底部制成葫芦形的储药室，以增大装药量。这种方式适用于岩石量大而集中的石方施工。

4）坑道药包

如图5.12（d）所示，它不同于上述各种方法的是药包装在竖井或平洞底部的特制的储药室内。

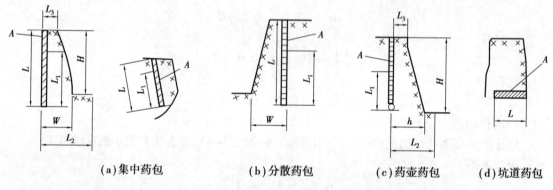

图5.12 药包装置形式

A—堵塞物；L—炮孔深度；L_1—药包高度；L_2—岸底面宽度；

L_3—岩石顶面宽度；W—最小抵抗线；H—岩石厚度

（4）堵塞

堵塞一般可用干沙、石粉、黏土及碎石等。堵塞物捣实时，切忌使用铁棒，一般用木棒或黄铜棒。棒的直径为炮孔直径的0.75倍，下端稍粗，约为炮孔直径的0.9倍。在棒的下端开有供导火索穿过的纵向导槽。

（5）引爆

引爆就是利用起爆炸药制成的雷管、引火剂或导火索从炮孔的外部引入炮孔的药室，使炸药爆破。目前，工程中常用的有火花起爆和电力起爆等。

5.3.5 清方工程

当石方爆破后，还需按爆破次数分次清理，清理时一定要根据施工要求和石料的利用情况分别清理。如开挖路堑无填方工程时，则被清理的石料必须组织机械、配合运输工具运出施工现场，以利于下次爆破。如是傍山筑路半填半挖，则爆破的碎石可作填方用，此外可用推土机或装载机清方。由于路基施工不同于采石场和矿山开挖,一方面场地狭小,机械设备的布置和使用受限制,另一方面要求机械设备的能力大、效率高,又要机动灵活和有一定的越野性能和爬坡能力。因此,在选择清方机械时,要考虑以下技术经济条件:工程期限所要求的生产能力;工程单价;爆破岩石和岩堆的大小;机械设备进入工地的运输条件以及机械撤离和重新进入工作面是否方便等。对以上条件应综合加以分析,而不能孤立地只考虑某一方面。如果只考虑爆破的块度便于正铲挖掘机的挖装,则对于某些结构的岩石来说,可能会大大增加爆破费用;反之,降低了爆破的费用,又会使块度增大,而挖掘机又无法铲装。因此,清方机械的选配是比较复杂的。

一般来说,正铲挖掘机的适应性较强,但进出工点却较缓慢;轮式装载机与挖掘机相比机动灵活,另外相同功率的正铲挖掘机和装载机相比,装载机是一种可铲装较大块度的石块,而且可用较少的斗数,装满载质量相等的运输工具。但装载机的卸载高度不如挖掘机。此外,装载机可自行铲运,挖掘机则不能。对于经济性来说,运距在 40 m 以内用推土机推运较为经济;40~100 m 用装载机较为经济;100 m 以上用挖掘机配合自卸汽车较为经济。

5.4　路基加固处理

路基铺设于天然地基上,自身荷载较大,要求地基应具有足够的承载能力,以保持地基稳定;另外,应使某些自然因素(如地下水、坑穴、湿陷及胀缩等)对路基不产生有害变形。

5.4.1　换填土层法

换填土层法,即将基底下一定深度范围的湿软土层挖去,换以强度较大的沙、碎(砾)石、灰土或素土,以及其他性能稳定、无侵蚀性的土类,并予以压实。换填材料的不同,其应力分布虽然有所差异,但其极限承载力比较接近,而且沉降特点也基本相似。因此,按砂垫层的计算方法,其结果相差不大。

砂垫层的作用是可提高承载力,减少沉降量,加速软弱土层的排水固结,防止冻胀,消除膨胀土的胀缩作用,也可处理暗穴。同时,砂垫层的作用又因工程性质而有所不同。对路基,主要是排水固结;对素土(或灰土)垫层,可消除湿陷性黄土 3.0 m 深度范围内的湿陷性。

砂垫层厚度一般为 0.6~1.0 m,太厚则施工难,太薄则效果差。沙料以中粗沙为宜,要求级配良好,颗粒的不匀系数不大于5,含泥量不超过5%。

5.4.2　碾压夯实法

控制最佳含水率,对路基分层压实,以及提高强度和降低压缩性是路基施工的基本要求。如果使用压实功能较大的压实方法,还能处理杂填土和地表的松散土。

对于非黏性土及松散杂填土而言,振动压实法效果良好。振动压实效果,因土质和振动时间而不同,一般是振动时间越长,效果越好,但时间过长就会无效。对主要由矿渣、碎砖和瓦块为主的建筑垃圾,时间约 1 min 即可;对含细炉渣等细颗粒填土,振动时间 3~5 min,有效深度为 1.2~1.5 m。

重锤夯实法加固地基,可提高地基表层土的强度。对湿陷性黄土,可降低地表的湿陷性;

对杂填土,可减少表层土的强度不均一性。重锤夯实法适用于地下水位0.8 m以下稍湿的一般黏性土、沙土、湿陷性黄土及杂填土等。重锤夯实法一般采用钢筋混凝土制成截头圆锥体(底部垫钢板),质量宜1.5 t或稍重,锤底直径为1~1.5 m,起重设备的能力为8~15 t,落距高一般为2.5~4.5 m。重锤的夯击遍数,一般以最后两次的平均夯沉量不超过规定值来控制,即一般黏性土和湿陷性黄土为1~2 cm,沙土为0.5~1.0 cm。实践结果表明,一般为8~12遍,作用深度约为锤底直径的1倍。

在重锤夯实法的基础上,经过研究和实践,20世纪60年代末期出现所谓强夯法,也称动力固结法。它是以8~12 t(甚至20 t)的重锤,8~20 m的落距(最高达40 m),对路基进行强力夯击,利用冲击波和动应力,达到路基加固的目的。此项新技术的出现,迅速在国际上得到广泛运用,效果十分显著,我国也正在研究和运用。

实践证明,强夯过程中,土体中因含可压缩的微气泡而产生几十厘米的沉降,土体产生液化,使土的结构破坏,强度下降至最小值,随后在夯击点周围出现径向裂隙,成为加速孔隙水压力消散的主要通道,继而因黏性土的触变性,使土基的强度得到恢复和增强。这一过程无法用传统的固结理论解答,因而就有饱和土是可压缩的重要机理。现有研究成果表明,由于土中有机物的分布,第四纪土中多数含有以微气泡形式出现的气体,含气量为1%~4%,在强夯过程中,气相体积被压缩,加上孔隙水被挤出,两者体积有降低。重复夯击作用,气体被压缩接近于零时,土体变成不可压缩,相应的孔隙水压力上升到与覆盖压力相等的能量级时,土即产生液化,吸附水变成了自由水,土的强度达到最小值;继续施加外界能量,对强度提高无效,需要停止夯击,等待强度恢复。与此同时,夯点四周形成有规则的垂直裂缝,出现涌水现象。当孔隙水压力消散到小于土粒间的侧向压力时,裂隙即自行闭合,土中水的运动又恢复常态。随着孔隙水压力的消散,土的抗剪强度和变形模量有了大幅度增长,这是由于土粒间紧密接触,以及新吸附水层逐渐固定所致,这乃是土的触变性所致。基于上述基本原理,按弹簧活塞模型,对动力固结(强夯)的机理作出新的解释,以与传统的静力固结理论相比较。

强夯法具有施工简单、加固效果好、使用经济及运用面较广等优点。资料表明,经强夯法处理的地基,其承载力可提高2~5倍,压缩性降低2~10倍,可广泛用于杂填土(各种垃圾)、碎石土、沙土、黏性土、湿陷性黄土及泥炭和沼泽土,不但陆地上使用,也可水下夯实。其缺点是需要相应的机具设备,操作时噪声和振动较大,不宜在人口密集或附近防振要求高的地点使用。

5.4.3 排水固结法

饱和软土在荷载作用下,排水固结后,抗剪强度可得到提高,则达到加固的目的。此法在建筑工程中,常用于加固软弱地基,包括天然沉积层和人工充填的土层,如沼泽土、淤泥和淤泥质土、水力冲积土等。

排水固结法的实际效果取决于土层固结特性、厚度、预压荷载及预压时间。厚度小于5 m的浅软土层,或固结系数较大(大于1×10^{-2} cm²/s)的土层,较短时间预压即可。

排水固结是运用堆载预压,挤出土中的过多含水,达到挤紧土粒和提高强度的目的。为了缩短预压时间,加设砂井竖向排水通道或铺设砂垫层,效果甚好。美国加州公路局曾采用砂井处理沼泽地段的路基,获得满意结果。利用路基填土自重压密地基,不需另备预压材料,因此,砂井堆载预压法在路基工程中是一种经济有效的方法。

砂井堆载预压,需进行地基固结计算,以确定加载以及砂井布置的有关数据。一般情况下,加载量大致与设计荷载接近,预压至80%固结度。砂井直径多为8~10 cm,间距是井径的6~8倍。砂井长度应穿越地基可能的滑动面,井长如能穿越主要受压层,对沉降有利。如果软土层较浅,有透水性下卧层,则井长深入透水层,对排水固结更有利。为加速排水,缩短固结时间,在设置竖井的同时,可加设井顶砂垫层或纵横连通砂井的排水砂沟,砂垫层厚度为0.5~1.0 m。

砂井成孔有沉管法和水冲法两类。沉管法是用锤击或振动方式将带靴的钢管沉入地基,管内灌沙,在振动作用下拔出钢管,最后在土中形成砂井;水冲法是利用高压水冲孔,孔内灌沙,此法施工速度快,但难以保证孔径匀称,质量较差。砂井用沙,以中粗粒径为宜,含泥量宜不大于3%,灌沙量(按质量计)大于井管外径所形成体积的95%。

排水固结法中,除采用砂井堆载预压外,还可采用降水预压和真空预压等技术。

5.4.4　挤密法

路基中成孔后,在孔中灌以沙、石、土、灰土或石灰等材料,捣实成直径较大的桩体,利用横向挤紧作用,使地基土粒彼此靠紧,空隙减少,而且孔被填满和压紧,形成具有较高承载能力的桩体,群桩的面积约占松散土加固面积的20%,以致桩和原土组成复合地基,达到加固的目的。

孔中灌沙,形成砂桩,它与上述砂井相比,形式相仿,但作用不同。砂井的作用是排水固结,井径较小而间距较大;砂桩的作用是将地基土挤紧,井径较大,而间距宜小。砂井适用过湿软土层,而砂桩适用于处理松沙、杂填土和黏粒含量不大的普通黏性土,也可有效地防止沙土基底的振动液化。饱和软黏土的渗透性较小、灵敏度较大,夯击过程中土内产生的超孔隙压力不易迅速扩散,砂桩的挤密效果较差,甚至能破坏地基土的天然结构。

孔中填石灰而成灰桩,用于挤密软土地层,是近年来在国外广泛应用的一种新方法。石灰桩的主要作用是挤密,而生石灰的吸水、膨胀、发热及离子交换作用,使桩体硬化,改善了原地基土的性质。此外,还可减小因周围土的蠕变所引起的侧向位移。利用石灰桩加固软土地基,关键在于石灰桩在地下水中能否结硬。试验表明,水中含有酸根是石灰桩结硬的基本条件。由于石灰桩在水下结硬的速度远比在空气中慢得多,因此,将石灰和水就地拌和,增加石灰与外界的接触,结构比纯石灰桩好得多,可提高桩的早期强度。石灰桩吸水膨胀和对土体的挤压作用是石灰桩加固地基的特殊功能。石灰桩施工的基本要求:一是生石灰必须密封储存,最好选用新鲜块灰;二是灰块必须粉碎至一定要求。

砂桩和石灰桩的布置与尺寸需通过设计计算而定,一般桩径为20~30 cm,桩的间距约为桩径的3.5倍,可在平面上按梅花形布置。桩的长度与加固土层厚度及加固要求关系桩孔的施工方法,有冲击和振动力等工法。在湿陷性黄土中,还可用爆扩成孔法,即先钻孔,孔直径约10 cm,孔内每隔50 cm置炸药筒,引爆扩孔挤压,再灌以黄土或灰土,分层捣实,可消除黄土的湿陷性。

20世纪30年代在国外开始采用振动水冲法加固松沙地基,50年代开始用于加固软黏土地基。我国70年代后期也开始引进,用以提高地基承载力,减少地基沉降和差异沉降,提高抗地震液化能力,均取得满意效果。

振冲法是以起重机吊起振冲器、电动振冲器产生高频振动,水泵喷射高压水流,在振动和高压水的联合作用下,振冲器沉入土中预定深度,经过清孔用循环水带出孔中稠泥浆,向孔中逐段添加填料,予以振动挤密,在地基土中形成振冲桩。振冲器的起重能力为 10 ~ 15 t,水压力宜大于 500 kPa,供水量大于 20 m³/h,加料量的供应能力不小于 0.4 m³/min。

5.4.5 化学加固法

利用化学溶液或胶结剂,采用压力灌注或搅拌混合等措施,使土颗粒胶结起来,达到对土基加固的目的,称为化学加固法,又称胶结法。此法加固效果取决于土的性质和所用化学剂,也与施工工艺有关。

目前,化学溶液主要有:

①以水玻璃溶液为主的浆液,其配方较多,常用的是水玻璃浆液和氯化钙浆液配合使用,其价格昂贵,使用受到限制。

②以丙烯酸氨为主的浆液,我国研制的丙强是其中一种。加固效果较好,因价高也难以广泛采用。

③水泥浆液,是由高强度等级的硅酸盐水泥,配以速凝剂而组成的浆液。

④以纸浆溶液为主的浆液,如重铬酸盐木质素和木铵,加固效果好,但有毒性,且易污染地下水。

以上 4 类,目前以水泥浆液使用较多。今后发展的关键应是研制高效、无毒、易渗的化学浆液。

化学加固的施工工艺有注浆法、旋喷法和深层搅拌法。注浆法(灌浆)是利用机械压力将浆液通过注入管,均匀注入地层,浆液以填充和渗透方式,排挤土粒间或石隙中的水分和空气,占据其位置,待一定时间后,浆液凝固,可使原土层或缝隙固结成整体。其用途甚广,路基中除用于防护坡面和堤岸外,也可用于加固土基和整治滑坡等病害,用于加固流沙或流石地基可以提高强度和不透水性,改善地下工程的开挖条件等。

注浆法所用的浆液分为无机和有机两种。以水泥为主的浆液为无机类,其料源多、价格较低,但不易灌入孔隙细微的土内,一般常用于砂卵石及岩石较大裂隙的地质条件中。水泥浆的水灰比为 0.8 ~ 1.0。为了改善浆液性能,可加掺外加剂。如速凝时,加水玻璃或氯化钙等;缓凝时,加岩粉或木质亚酸等。化学浆液的种类很多,以水玻璃和纸浆废液为主剂。水泥及化学浆液均属无机化学材料,其共同特点是速凝(几分钟)、强度高(水泥浆液 28 d 试验样品的抗压强度达 7.0 MPa 以上)、固结率高、可灌性好,但抗折强度低(0.14 MPa 左右),适宜用于潮湿条件或水中(暴露空气中会龟裂剥落),不耐冻,难以注入细缝隙内。

其他化学浆液中有丙强、木铵、丙烯酰胺及碱液等,各自适用于一定条件。

旋喷法是在注浆法基础上发展起来的一项新技术,又称化学搅拌成型法。旋喷法是用钻机钻孔至设计深度,用高脉冲泵、通过安装在钻杆下端的特殊喷射装置,向土中喷射化学浆液,在喷浆的同时,钻杆以一定速度旋转并逐渐往上提升,高压射流使一定范围内的土体结构破坏,强制破坏的土体与化学浆液混合,胶结硬化后在土层中形成直径较匀称的圆柱体。旋喷的浆液以水泥浆液为主,如果土的渗水性较大或地下水流速较快,为防止浆液流失,可在浆液中加速凝剂(如三乙醇胺和氯化钙等)。

以上仅简略介绍已有的几种地基加固方法,有的已在国内公路路基工程中运用,有的技术

（如土工布、土工格栅、强夯、水冲及旋喷等）国内还在研讨,关键是机械设备和料源。可以预测,随着公路建设的高速发展,公路技术等级的提高,包括地基加固在内的路基防护与加固,在理论和实践上必将有新的发展与突破。

5.5　路基施工新技术

我国是一个幅员辽阔、地理条件复杂多样的国家,各地在公路建设中所面临的技术问题因为具体条件的不同而不尽相同。许多地区因为地理、地质条件的限制而在公路施工建设中面临着相当多的技术难关。近年来,在广大建设者们的不懈努力下,在公路工程施工建设中各种新技术、新工艺和新材料不断涌现,许多的技术难题已被攻克。与此同时,我国公路施工及验收的国家标准规范体系也在不断更新和完善过程中。本节主要介绍轻质路堤及道路拓宽改建中涉及的处治技术。

5.5.1　路基填料和压实、加固

我国对路基填料的每一部分都有相应的规定值,当路基填料达不到规定的最小强度要求时,应采取掺和粗粒料,或换填,或用石灰等稳定材料处理,并规定对其他等级公路铺筑高级路面时,也要采用高速公路和一级公路的规定值。

当前的路基施工普遍采用了大吨位的压路机,碾压效果有了明显的改善,对提高路基土的压实度起了很好的作用。

随着路基施工技术进步,对特殊路基的处理技术也日渐成熟和完善。针对软土地基的施工技术包括轻质路堤、土工合成材料加固、CFG 桩与薄壁管桩加固等。

（1）轻质路堤

轻质路堤主要是指用轻质（粉煤灰）或超轻质材料（聚苯乙烯泡沫塑料,英文缩写为 EPS）填筑的路基。作为燃煤电厂废料的粉煤灰,用于筑路可减少占地,利于环境。同时,它具有自重小、强度高、混合料强度随时间增长、可压实性、固结快、造价低等特点,在软土地基路段使用,具有可增加路基填筑高度、减少路基和地基沉降的明显优势,自 20 世纪 80 年代在沪宁高速公路路基填筑中研究和应用以来,已形成设计和施工技术规范,这里不再赘述。

超轻质材料 EPS 的体积重度为 $0.18 \sim 0.4$ kN/m³,为普通土重度的 $1/70 \sim 1/50$。EPS 的吸水率极小,隔热性能和耐水性能都很好,它具有一定的强度,抗压强度为 $100 \sim 300$ kPa,通常路基所承受上覆路堤压力小于 100 kPa。因此,可用 EPS 作为路堤填料,以减轻路堤质量,减小路堤沉降量,同时保证路堤稳定性,特别适用于软土地基的路堤填筑,某些情况下,还可不处理软土地基。EPS 用作路堤填料时,施工非常方便,EPS 块体大小可根据需要进行生产,通常采用的 EPS 块体的尺寸为长 3 m、宽 1 m、厚 0.5 m,类似于手摆积木,无须大型机械。EPS 自身强度足以满足路堤荷载与边坡稳定性要求,应用中 EPS 填筑高度一般在 5 m 左右,可填高度高达 20 m。此外,EPS 用作路堤填料时,EPS 两侧坡面用土包边,其路堤边坡的稳定性取决于包边土体的稳定性,而包边土体的稳定性则可用常规土力学中边坡稳定性的方法确定。EPS 本身是块体,并且内聚力强,使用 EPS 填料的路堤会使路堤边坡更趋稳定。

EPS 路堤施工中,EPS 必须平放,为确保 EPS 填筑路基良好的排水性能,在最底层的 EPS

底部要垫铺透水砂层,要严格控制砂层及 EPS 铺砌层的平整度;铺砌的 EPS 块体之间不能留任何空隙,排列紧密,用黏结材料或合缝钉将 EPS 块体结合在一起,以防路堤填筑过程中 EPS 块体的相互错动与移位;若 EPS 块体间产生缝隙或高度差,必须用无收缩水泥砂浆调整。EPS 用作路堤超轻质填料的不利因素在于其抗风化性、耐冲击性和化学药剂性能差,但它作为路堤填料时被埋于土中,所受紫外线的影响小,老化缓慢,因此强度劣化很小。同时,EPS 不适用于在地表洪水泛滥地区用作路堤超轻质填料,以免地表洪水浮力将 EPS 路堤抬起,从而导致路堤破坏。此外,由于 EPS 造价较高,在国外主要应用于抢修工程的填筑,以及对作用于结构的上覆压力有限制的工程。

(2)土工合成材料加固

对浅层(厚度一般小于 3 m)的软土地基,可采用先在地表铺筑土工布,再填筑路堤,土工布起到分隔、过滤、排水及加速固结等作用,从而取代常规的置换方法。软土层厚度 3~5 m,可采用土工布与砂垫层联合处治,排水砂垫层的厚度可由 50 cm 减薄至 30 cm。

也有在路堤下面与地表之间铺设多层土工织物,利用材料的高抗拉强度克服地基的滑动变形来保持稳定的,通过控制填土速率,配合超载预压,使地基迅速固结。

(3)CFG 桩和薄壁管桩加固

CFG 桩是英文 Cement Fly-ash Gravel 的缩写,通过碎石、石屑、沙、粉煤灰掺水泥加水拌和,用各种成桩机械制成的可变强度桩。通过调整水泥掺量及配比,其强度等级在 C15—C25 变化,是介于刚性桩与柔性桩之间的一种桩型。CFG 桩和桩间土一起,通过褥垫层形成 CFG 桩复合地基共同工作,可根据复合地基性状和计算进行工程设计。CFG 桩一般不用计算配筋,并且还可利用工业废料粉煤灰和石屑作掺和料,以进一步降低工程造价。

CFG 桩应根据现场条件选用下列施工工艺:

①长螺旋钻孔灌注成桩,适用于地下水位以上的黏性土、粉土、素填土及中等密实以上的桩土。

②长螺旋钻孔、管内泵压混合料灌注成桩,适用于黏性土、粉土、沙土,以及对噪声或泥浆污染要求严格的场地。

③振动沉管灌注成桩,适用于粉土、黏性土和素填土地基。

水泥混凝土薄壁管桩是用水泥混凝土和钢筋通过离心成型法制成空心薄壁管桩,利用打桩机械将桩打入地基形成桩基平台。先张法预应力高强混凝土管桩,称为 PHC 桩;先张法预应力混凝土管桩,称为 PC 桩;先张法预应力高强混凝土薄壁管桩,称为 PTC 桩;现浇混凝土薄壁管桩,称为 PCC 桩。水泥混凝土薄壁管桩在同一建筑物基础中,可使用不同直径的管桩,容易解决布桩问题,可充分发挥每根桩的承载能力;单桩可接成任意长度,不受施工机械能力和施工条件局限;成桩质量可靠,沉桩后桩长和桩身质量可用直接手段进行监测;桩身耐锤击和抗裂性好,穿透力强;造价低廉,其单位承载力价格仅为钢桩的 1/3~2/3,并具有节省钢材、施工速度快和工后沉降少等特点。

5.5.2 路基排水

公路排水设计应包含以下两个方面的内容:一是要考虑如何减少地下水、农田排灌水对路基稳定性及强度的影响,一般称为第一类排水;二是要考虑如何将路表水迅速排出路基之外,最大限度地减少雨水对路基、路面质量的影响,减少因路表水排水不畅或路表水下渗对路基、路面结构和使用性能产生的损害,这称为第二类排水。

第一类排水设计通常采用适当提高路基最小填土高度或在路基底部设置隔水垫层等方法。

施工期间一般都考虑在施工前开挖临时排水边沟,排除施工期地表水并降低地下水,同时在路基底部掺加低剂量石灰处理,设置 40 cm 厚的稳定层等。采用这一系列措施可起到事半功倍的效果。

5.5.3　路基防护

路基的修筑改变了地层的天然平衡状态,路基暴露在空间不断受到侵蚀。因此,需要进行各种类型的防护。

(1)坡面防护

坡面防护的目的是防止地表水的冲刷,坡面岩土的风化剥落以及与环境的协调。近年来,随着对环境保护的重视,高等级公路的边坡多采用种草防护;边坡较高时,采用砌石框格种草防护。由于西部干旱缺水,边坡种草防护类型的选择很重要,因此,现大多采用草坪植生带,即将草籽、肥料和土均匀拌和裹于土工织物(如无纺布)内,当草籽发芽也长成草起到固土作用后,无纺布纤维自然腐烂,不会污染环境,效果很好。

(2)冲刷防护

防护沿河路基边坡免受冲刷,仍多采用直接防护,传统的砌石、抛石、铁丝石笼及挡土墙等有所改进,用高强土工格栅代替铁丝作石笼,用聚酯或聚氨酯类土工织物混凝土护坡模袋做成的护面板防护受水浪冲击的边坡,很能适应土体不均匀沉降。

(3)支挡防护

挡土墙用于支挡防护。石砌的重力式挡土墙多用于石料丰富、墙高较低和地基较好的场合。钢筋混凝土结构的悬臂式挡土墙、扶壁式挡土墙和板柱挡土墙,其受力比较合理,墙身圬工体积小,也已广泛应用于公路路基的防护。垛式挡土墙易于调整墙的高度,并采用预制构件拼装,是一种特殊式的挡土墙。

5.5.4　新老路基结合处治技术

21 世纪以来,我国许多道路交通量饱和,实施拓宽改造,其中需解决的关键技术问题是新老路基结合部的协调变形。不同条件下,新老路基不协调变形的组成不同,在保证路基稳定的前提下,须采取措施控制路基的不协调变形。按照处治措施的部位和处治机理,可将不协调变形的控制技术划分为四大类:路面内部处治、路基内部处治、外部处治及综合处治,见表 5.11。

表 5.11　新老路基结合部处治技术的初步分类

路面内部处治	增加厚度
	提高抗变形能力(加筋、设置网片等)
路基内部处治	结合面处理
	填料及压实控制
	路基加筋
	轻质路堤

续表

	轻质路堤
外部处治	地基处理
	支挡结构
	设置分隔带
综合处治	完善排水系统
	过渡性路面
	内外部综合处治

如果按新老路基结合部不协调变形的主要来源划分,表5.11中的处治技术可分为:针对新老路基结合部不良地质条件的地基处理技术;针对新老路基结合强度不足的老路边坡处理和结合部的加筋技术;针对路基自身的压缩变形过大的控制路基填料和压实度、采用轻质路基等措施;如果新老路基结合部的不协调变形由上述几种因素共同组成,则应采取综合处治技术,见表5.12。

表5.12 针对不协调变形来源的处治技术及适用条件

新老路基结合部不协调 变形的主要来源	结合部处治技术	适用条件
新路基作用下地基的固结沉降	采取换填、抛石挤淤、复合地基,排水固结法处理结合部地基	不良地质条件下的路基拓宽、高填路堤等
新老路基结合部结合强度不足	老路边坡覆土处理、台阶开挖,结合部设置土工格栅等	老路边坡土受自然风化等作用强度较低,新老路基拼接困难
新老路基的自身压缩变形	优选新路基填料,提高压实度,新路基采用二灰、EPS轻质路堤	地质条件较好的路基拓宽
上述几种因素的组成	上述处治技术综合使用,同时考虑设置挡墙、路面辅助处治技术和完善排水系统等	各种不良地基、路基以及结合面条件

实际拓宽改建工程中,通常根据具体的工程特点,因地制宜地选用不同处治方式,有时可综合使用多种处治技术。新老路基结合部的设计和施工是整个改建工程中一个非常重要的环节,需要精心设计,精心施工,确保工程质量,具体要求参见现行公路路基设计和施工相关技术规范,此处不再赘述。

第6章

路面基层

6.1　填隙碎石与级配碎石基层

6.1.1　碎(砾)石的类型

碎石是指在矿场通过开采、破碎和筛分后生产的具有棱角和不同粒径规格的石料。砾石是指岩石自然风化后经水流冲刷、搬运形成的无棱角或棱角性差的石料。

与砾石相比,碎石因加工后的棱角性较好,风化程度低,相同矿物组成时纯度更高、坚固性更好、抗压碎能力强,用作筑路材料时,可提供较大的内摩擦角,使材料性能更优。因此,碎石是比砾石更佳的材料,但成本有所增加。

具有一定粒度组成(级配)的掺配后碎(砾)石,可直接作为路面基层使用;通过掺加无机结合料或沥青稳定,可形成水泥稳定碎(砾)石、沥青稳定碎石等更为优质的基层材料。优质碎石是沥青混凝土和水泥混凝土的主要原材料之一。

碎石作基层应用时,会涉及多种碎石混合料概念,如级配碎石、填隙碎石、水结碎石、未筛分碎石及石屑等,为确定这些概念的内涵,有必要结合碎石的生产过程来介绍。

采石场作业的第一步是采用电动潜孔钻等设备钻孔后装药,通过工程爆破将石料开采出来,碎裂的石料自然滚动堆放于山脚。其中尺寸较大的还需用液压破碎锤等设备进行再次破碎,然后用装载机供料至破碎筛分联合设备。联合设备由振动给料机、破碎机(颚式破碎机、反击式破碎机、圆锥式破碎机、辊式破碎机、可逆式破碎机及立轴冲击式破碎机等)、振动筛、制砂机、洗砂机及胶带运输机等组成。各种设备组成一个闭路循环,可连续生成不同规格的石料,如图6.1所示。

根据规格和质量需要,破碎过程可分为一级、二级和三级破碎等。较为常见的三级破碎生产线的流程大致为:振动给料机→颚式破碎机→反击式破碎机→振动筛分机→碎石成品。其中,振动筛上超粒径颗粒将被返料送入三级(回笼)破碎机,设备之间由传送带相联。

颚式破碎机里面有颚板,一块固定、一块活动,两板之间不对称且有牙,合起来刚好吻合,当石料输入后被夹碎。大的石头经过这轮压碎以后,进入二级反击式破碎机,其内部有锤头

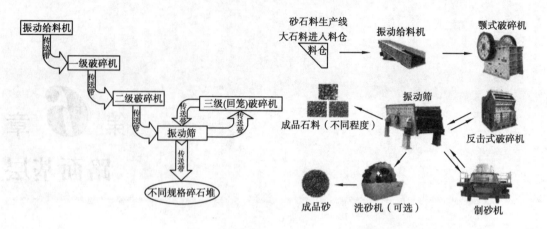

图6.1 采石场碎石和机制砂生产流程及设备示意图

（由高强复合材料制成），通过锤头的锤击作用将石料破碎。这两种常用破碎机的原理如图6.2所示。

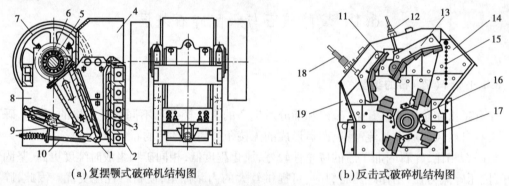

（a）复摆颚式破碎机结构图　　　　　　（b）反击式破碎机结构图

图6.2 复摆颚式破碎机和反击式破碎机原理

1—动颚;2—定颚;3—颚板;4—侧板;5—主轴;6—轴承;7—飞轮;8—机架;
9—推力板;10—拉杆;11—后反击板部;12—碟形弹簧;13—前反击板部;
14—衬板;15—链幕;16—转子部;17—板锤;18—调节弹簧;19—架体部

公路工程中，石料一般要求通过反击式破碎机生产。其原因是颚式破碎机通过挤压破碎，而反击式破碎机通过锤击破碎，后者生产的石料在整体性、棱角性和均匀性上更优。

碎石成品的规格与振动筛的筛孔形状及其尺寸组合关系密切，不同采石场的情况差别较大。我国公路工程标准筛孔形已从圆孔转变为方孔，而采石场不一定仅服务于公路工程，其振动筛还有圆孔筛存在，使碎石原材料与级配设计时的筛孔尺寸配伍性较差。筛分一般经过以下3个阶段：

①第一阶段：先让破碎后石料通过最大一档筛孔的筛（假定筛孔尺寸为 D），筛余石料的颗粒尺寸较大，需要返料送入破碎机重新破碎。

②第二阶段：过筛碎石依次通过几档尺寸递减的筛，筛孔尺寸在 $d \sim D$，从而获得不同规格的碎石。

③第三阶段：过筛后的碎石在最小一档筛孔尺寸为 d 的筛上过筛。

通过尺寸为 d 筛的颗粒粒径很小，一般为 $2.36 \sim 4.75$ mm（如是方孔筛，随采石场振动筛规格不同而不同），被称为石屑（或筛屑）。仅经第一阶段、未经第二阶段筛分的碎石剔除了超大颗粒和石屑,且具有一定的自然级配,称为未筛分碎石。

第二阶段筛分的碎石($d \sim D$),根据其粒径从大到小不同,而分为几种不同规格,俗称石子(或称碎石,一般为 9.5 ~ 63 mm 规格)、1—2 号碎石以 9.5 ~ 19.5 mm 规格为主,2—3 号碎石以 19.5 ~ 31.5 mm 规格为主,3—4 号碎石以 31.5 ~ 37.5 mm 规格为主,4—6 号碎石以 37.5 ~ 63 mm 规格为主,通常分以上 4 档,可根据需要增减)、瓜子片(4.75 ~ 9.5 mm 规格为主)、米子(或称米石,以 2.36 ~ 4.75 mm 规格为主)。石屑在 0.075 mm 筛上的筛余,被称为石粉(以 0.075 ~ 2.36 mm 规格为主)。需要指出的是,采石场筛分出的集料规格不会很标准,有少量颗粒会超出主要规格范围,级配设计时需随机取样重新筛分,确定其详细组成。

如果在初步破碎后,用制砂机替代破碎机,或直接采用石屑作为原料,经筛分后可生产出机制砂(0.075 ~ 4.75 mm)。将洁净的石屑作为原料,采用磨粉机可生产出矿粉(<0.075 mm)。

采用以上工序生产的碎石,即可制备前述多种碎石混合料。

填隙碎石基层系用单一规格的粗碎石作主集料,形成嵌锁结构,用石屑作填隙料,填满碎石间的孔隙,增加密实度和稳定性,起承受和传递车轮荷载的作用。

未筛分碎石和天然沙砾基层是用加工的未经筛分的碎石或天然沙砾经摊铺碾压成型的基层。

级配砾石基层是指粗、中、小砾石和沙各按一定比例混合,其颗粒组成符合规定的密实级配要求,且塑性指数和承载比均符合规定要求的混合料。

6.1.2 碎(砾)石基层的力学特性

(1)碎(砾)石基层的强度构成

碎(砾)石基层通常是指水结碎石、泥结碎石以及密级配碎(砾)石等,这类基层通常只能用于中低等交通量的公路,但优质级配碎(砾)石基层也用于重交通以上公路路面结构层。

对碎(砾)石路面结构,矿料颗粒之间的联结强度一般都要比矿料颗粒本身的强度小得多,在外力作用下,首先在颗粒之间产生滑动和位移,使其失去承载能力而导致破坏。因此,对这种由松散材料组成的路面结构,其中矿料颗粒本身强度固然重要,但是起决定作用的则是颗粒之间的联结强度。凡在强度特性上具有上述特点的材料,均属于松散介质的范畴。对松散介质范畴的材料,其抗剪强度可用库仑公式表示。因此,由材料的黏结力和内摩阻角表征的内摩擦力所决定的颗粒之间的联结强度,即构成了碎(砾)石路面材料的结构强度。

1)纯碎石材料

纯碎石材料按嵌挤原则产生强度,其抗剪强度主要取决于剪切面上的法向应力和材料内摩阻角。抗剪强度由下列因素构成:

①粒料表面的相互滑动摩擦。

②因剪切时体积膨胀而需克服的阻力。

③因粒料重新排列而受到的阻力。

单一粒料在另一有粗糙面但表面平整的粒料上滑动,其摩阻角大多在 300 以下;许多粒料相互紧密接触,沿某一剪切面相互变位时,因体积膨胀和粒料重新排列而多消耗的功,可使摩阻角增到 50°。

纯碎石粒料摩阻角的大小主要取决于集料的强度、形状、尺寸、均匀性、表面粗糙度以及施工时的压实程度。当集料强度高、形状接近正立方体、有棱角、尺寸均匀、表面粗糙、压实度高时,则内摩阻力就大。

2)土-碎(砾)石混合料

这类材料含土量小时,也是按嵌挤原则形成强度;当含土量较多时,则按密实原则形成强度。土-碎(砾)石混合料的强度和稳定性取决于内摩阻力和黏结力的大小。为得到最大强度和稳定性而设计的颗粒材料,应具有高内摩阻力来抵抗荷载作用下的变形。内摩阻力和由此产生的抗剪力的大小在很大程度上取决于密实度、颗粒形状和颗粒大小的分配。在这些因素中,以集料大小的分配,特别是粗细成分比例为最重要。图 6.3 表示土-碎(砾)石混合料的 3 种物理状态。

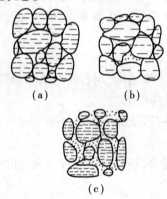

图 6.3 土-碎(砾)石混合料的 3 种物理状态

第一种(见图 6.3(a)):不含或含很少细料(是指 0.075 mm 以下的颗粒)的混合料,它的强度和稳定性依靠颗粒之间摩阻力获得。这类混合料的密实度较低,但透水性好,不易冰冻。因这种材料没有黏结性,故施工时压实困难。

第二种(见图 6.3(b)):含有足够的细料来填充颗粒间空隙的混合料,它仍然能通过颗粒接触而获得强度,其抗剪强度、密实度有所提高,透水性低,施工时较第一种情况易压实。

第三种(见图 6.3(c)):含有大量细料,而粗颗粒之间的接触很少,粗集料仅仅是"浮"在细料之中。这类混合料施工时易压实,但其密实度较低,易冰冻,难于透水,强度和稳定性受含水率影响很大。

图 6.4 表示不同细料含量时土-砾石混合料的密度和 CBR 的试验结果。其中,CBR 值为试件浸湿后的测定结果。由图 6.4 可知,随压实功增加,密度和 CBR 值均增加,而且都存在一个相应的最佳细料含量。最大密度时的最佳细料含量为 8% ~ 10%,而最大 CBR 值时的最佳细料含量为 6% ~ 8%;前者细料含量的状况可代表图 6.3(b)的状态,而最大值左右两侧的曲线部分则代表图 6.3(a)和图 6.3(c)的两种状态。

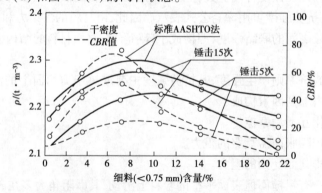

图 6.4 土-砾石混合料密度和 CBR 值随细料含量的变化

图 6.5 表示用土-碎石混合料试验的结果。由图 6.5 可知,细料成分对碎石集料 CBR 值的影响一般比对砾石的影响小。对同一粒径分配,由有棱角颗粒组成混合料的 CBR 值通常也比

圆滑颗粒混合料的 *CBR* 值稍大一些。

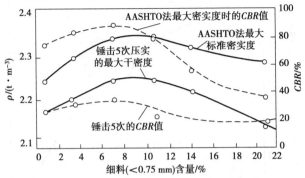

图 6.5　土-碎石混合料密度和 *CBR* 值随细料含量的变化

图 6.6 是几种粒状材料用 AASHTO 标准压实法成型后测得的 *CBR* 值和密度。密度和 *CBR* 值都是随集料尺寸增大而增大,但最佳细料含量则降低。此外,细料含量小于最大密度对应的含量时,*CBR* 值最大,因而其强度和稳定性也最大。

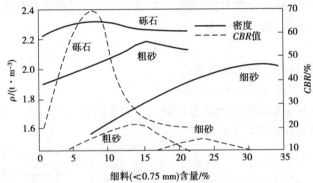

图 6.6　混合料密度和 *CBR* 值随细料和最大粒径的变化
(按 AASHTO 标准密实度为 100% 的试验)

因此,只有在已知粒径分布的情况下,密度才可作为衡量强度和稳定性的依据。细料含量偏多的混合料的强度和稳定性大大低于细料含量偏低的混合料(见图 6.3(c)),强度和稳定性受细料的影响很大;而在图 6.3(a)的情况下,强度和稳定性受细料的影响很小,主要取决于粗颗粒之间的接触情况。

室内试验和工地实践都表明,集料为碎石时,因颗粒嵌挤作用的增强,故其强度和稳定性较圆滑砾石集料为好,渗透系数也高,更易排水。此外,细粒土的物理性质对混合料的强度和稳定性也有很大影响,特别是对集料颗粒间的接触破坏影响更大。如图 6.7 所示为细料的塑性指数对砾石混合料饱水三轴强度的影响。由图 6.7 可知,当小于 0.42 mm 的细粒土含量减少时,其塑性指数对强度的影响很小;当小于 0.42 mm 的细粒土含量增加时,其塑性指数对强度的影响越来越大。因此,对小于 0.42 mm 的细料含量多的混合料,必须限制其塑性指数。

(2)碎(砾)石材料的应力-应变特性

碎(砾)石材料的显著特点之一是应力-应变的非线性性质,回弹模量在很大程度上受竖向和侧向应力大小的影响。如图 6.8 所示为三轴试验轴向应变 ε_1 同偏应力 $\sigma_d(\sigma_d = \sigma_1 - \sigma_3)$ 与侧向应力 σ_3 的关系。由图 6.8 可知,在同一侧向应力 σ_3 作用下,回弹模量 E_r(MPa)随偏应

113

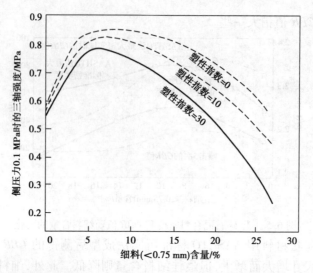

图 6.7 塑性指数对砾石(最大粒径 2.54 cm)混合料饱水三轴强度的影响

力增大而逐渐减小;不论轴向应变多大,当侧向应力增大时,回弹模量值也增大。根据试验研究结果,回弹模量 E_r(MPa)值可表示为

$$E_r = K_1\theta^{K_2} \qquad (6.1)$$

式中 K_1,K_2——与材料有关的试验参数;

   θ——主应力之和,kPa,即 $\theta = \sigma_1 + 2\sigma_3$。

图 6.9 表示某一轧制集料的回弹模量值同主应力和的关系。试验还表明,应力重复次数、荷载作用时间及频率对回弹模量的影响甚小。

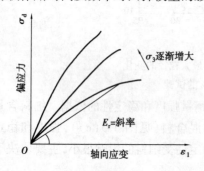

图 6.8   碎(砾)石材料应力-应变关系   图 6.9   干的轧制集料回弹模量随主应力和的变化

颗粒材料的模量取决于材料的级配、形状、表面构造、密实度及含水率等。一般密实度越高,模量值越大;棱角多,表面粗糙者有较高模量;当细料含量不多时,含水率影响甚小。碎石基层材料只能受压不能受拉,且在路面设计中,它与其他结构层(如沥青层)的层间结合按完全滑动看待。

(3)碎(砾)石材料的塑性应变积累

良好级配砾石在保证良好排水条件下塑性应变的发展如图 6.10 所示。由图 6.10 可知,当应力作用次数达到 10^4 次时,塑性应变已基本上不发展;但当应力较大,超过材料的耐久疲劳应力,达到一定次数后,塑性应变随应力作用次数而迅速发展,最终导致破坏。级配组成差的粒料,即使应力作用了很多次,仍有塑性应变的增长,但想获得小的塑性应变,级配中的细料含量必须小于获得最大密实度时的细料含量。

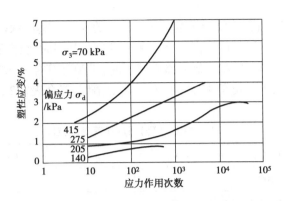

图6.10　砾石材料在保存良好排水条件下塑性应变的发展

6.1.3　填隙碎石基层

填隙碎石基层要求用加工轧制的碎石按嵌挤原理铺压而成。填隙碎石基层可采用干法或湿法施工,并要求填缝紧密。

填隙碎石用作基层时,骨料的公称最大粒径应不大于53 mm;用作底基层时,应不大于63 mm。骨料的颗粒组成应符合表6.1的规定。

表6.1　填隙碎石用骨料的颗粒组成/%

项次	公称粒径/mm	筛孔尺寸/mm							
		63	53	37.5	31.5	26.5	19	16	9.5
1	30 ~ 60	100	25 ~ 60	—	0 ~ 15	—	0 ~ 5	—	—
2	25 ~ 50		100	—	25 ~ 50	0 ~ 15	0 ~ 5	—	—
3	20 ~ 40		—	100	35 ~ 37	—	0 ~ 15	—	0 ~ 5

填隙碎石宜用振动压路机碾压,碾压后基层的固体体积率宜不小于85%,底基层宜不小于83%。填隙碎石初压宜用双轮压路机碾压3 ~ 4遍,使骨料稳定就位。然后用石料撒布机均匀撒铺填隙料25 ~ 30 mm,重复振动碾压,扫除局部残余的填隙料。

填隙碎石的湿法施工是在骨料层表面空隙填满后,立即用洒水车洒水直至饱和。再用重型压路机碾压,以满足压实度的要求。

6.1.4　级配碎(砾)石基层

级配碎(砾)石基层是由各种集料(砾石、碎石)按最佳级配原理修筑而成的路面基层。由于级配碎(砾)石是用大小不同的集料按一定比例配合、逐级填充空隙,因此,经过压实后,能形成密实的结构。级配碎(砾)石的强度由摩阻力和黏结力构成,具有一定的水稳性和力学强度。

（1）级配碎(砾)石基层的厚度和材料

级配碎(砾)石基层厚度,一般为8 ~ 16 cm。当厚度大于16 cm时,应分两层铺筑,下层厚度为总厚度的0.6倍,上层厚度为总厚度的0.4倍。如基层和面层为同样类型的结构,其总厚度在16 cm以下时,可分两层摊铺,一次碾压。

级配碎(砾)石所用材料,主要为天然砾石或较软的碎石。其形状以接近立方体或圆球形为佳,石料强度应不低于Ⅳ级。用于高速公路和一级公路基层时,级配宜符合表6.2 的G-A-4或 G-A-5 的规定;用于高速公路和一级公路底基层时,级配宜符合表6.2 的 G-A-3 或G-A-4的规定;用于二级及二级以下公路的基层、底基层时,级配宜符合表6-2 的 G-A-1 或G-A-2的规定。材料要求见表6.3。

表6.2 级配碎(砾)石的推荐级配范围

筛孔尺寸/mm	G-A-1	G-A-2	G-A-3	G-A-4	G-A-5
37.5	100	—	—	—	—
31.5	90~100	100	100	—	—
26.5	80~93	90~100	90~95	100	100
19	64~81	70~86	72~84	79~88	95~100
16	57~75	62~79	65~79	70~82	82~89
13.2	50~69	54~72	57~72	61~76	70~79
9.5	40~60	42~62	47~62	49~64	53~63
4.75	25~45	25~45	30~40	30~40	30~40
2.36	16~31	16~31	19~28	19~28	19~28
1.18	11~22	11~22	12~20	12~20	12~20
0.6	7~15	7~15	8~14	8~14	8~14
0.3	—	—	5~10	5~10	5~10
0.15	—	—	3~7	3~7	3~7
0.075*	2~5	2~5	2~5	2~5	2~5

注:* 对无塑性的混合料,小于0.075 mm 的颗粒含量宜接近高限。

表6.3 级配碎石材料的 CBR 强度标准

结构层	公路等级	极重、特重交通	重交通	中等、轻交通
基层	高速公路和一级公路	≥200	≥180	≥160
	二级及二级以下公路	≥160	≥140	≥120
底基层	高速公路和一级公路	≥120	≥100	≥80
	二级及二级以下公路	≥100	≥80	≥60

二级及二级以下公路基层采用未筛分碎(砾)石时,应采用表6.4 推荐的级配范围。

表6.4 未筛分碎(砾)石的推荐级配范围

筛孔尺寸/mm	G-B-1	G-B-2	筛孔尺寸/mm	G-B-1	G-B-2
53	100	—	31.5	69~88	83~100
37.5	85~100	100	19.0	40~65	54~84

续表

筛孔尺寸/mm	G-B-1	G-B-2	筛孔尺寸/mm	G-B-1	G-B-2
9.5	19 ~ 43	29 ~ 59	0.6	6 ~ 18	6 ~ 21
4.75	10 ~ 30	17 ~ 45	0.075	0 ~ 10	0 ~ 10
2.36	8 ~ 25	11 ~ 35			

用级配砾石的垫层,称为级配沙砾垫层。其级配沙砾要求颗粒尺寸为 4.75 ~ 31.5 mm。其中,19 ~ 31.5 mm 含量不少于 50%。

(2)级配碎(砾)石基层的施工

级配碎(砾)石基层的施工,一般按下列工序进行:备料→集中厂拌与运输→摊铺→碾压→铺封层。若施工方法采用人工拌和方式,应严格按照现场准备、布料和拌和的流程操作。

①备粒。根据集料的技术要求,准备粗集料和细集料。

②集中厂拌与运输。按施工要求选择拌和设备与运输设备。

③摊铺。根据确定的松铺厚度摊铺混合料。

④碾压。根据选定的压路机类型和压实遍数,使之满足压实要求。

⑤铺封层。根据设计要求,铺筑封层。

回弹模量是表征级配碎石刚度的重要指标及设计参数。一般来说,级配碎石的回弹模量明显低于无机结合料稳定材料基层材料,然而与无机结合料稳定材料不同的是,级配碎石材料具有较显著的非线性。这种非线性特性使其在刚度较大的下层上,表现出较大的回弹模量,从而也具有足够的抵抗应力和变形的能力,最终使级配碎石作为上基层不仅具有减缓无机结合料稳定材料基层沥青路面反射裂缝的作用,同时也具有较好的抗疲劳能力。

级配碎石弹性模量随应力状态而变化的非线性特性表明,处于无机结合料稳定材料基层上的级配碎石上基层和处于土基上的级配碎石底基层,其所处的应力状态不同,它们的弹性模量取值也不同。表6.5是级配碎石分别用于上基层及底基层时,根据弹性层状理论分析所得到的常规路面结构碎石所处的应力状态及模量取值的建议范围。

表6.5 不同层位级配碎石受力状态及模量取值建议范围

结构层位	最小主压应力 σ_3 /MPa	最大主压应力 σ_1 /MPa	应力不变量 $\theta(\sigma_1 + 2\sigma_3)$	回弹模量 E/MPa
级配碎石上基层[1]	20 ~ 120	120 ~ 600	250 ~ 800	200 ~ 400
级配碎石底基层[2]	受拉	30 ~ 120	30 ~ 120	105 ~ 250

注:1.路面结构为 5 ~ 20 cm 沥青面层 + 10 ~ 15 cm 碎石上基层 + 40 ~ 50 cm 无机结合料稳定材料基层 + 土基。

2.路面结构为 5 ~ 20 cm 沥青面层 + 20 ~ 40 cm 无机结合料稳定材料基层 + 20 cm 碎石底基层 + 土基。

由表6.5可知,对常规高速公路和一级公路沥青路面结构,当级配碎石作为上基层下卧无机结合料稳定材料基层时,其受力远大于传统结构中作底基层时的应力水平。按此应力水平,并取前述动三轴试件模型(K_1,K_2 取平均值)$E = 24\ 4432\theta^{0.47}$ MPa,则级配碎石作上基层时,其模量建议取 200 ~ 400 MPa,此范围对应的沥青面层厚度为 5 ~ 20 cm。而当级配碎石作为传统结构底基层时,若仍按上述动三轴试验模型,则模量可取 105 ~ 250 MPa。

6.2　无机结合料稳定材料基层

在粉碎的或原状松散的土中掺入一定量的无机结合料（包括水泥、石灰或工业废渣等）和水，经拌和得到的混合料在压实与养生后，其抗压强度符合规定要求的材料，称为无机结合料稳定材料。以此修筑的路面基层为无机结合料稳定材料基层，或称半刚性基层。

无机结合料稳定材料具有稳定性好、抗冻性能强、结构本身自成板体等特点，但其耐磨性差，因此广泛用于修筑路面结构的基层和底基层。

破碎的或原状松散的土按照土中单个颗粒（指碎石、砾石、沙和土颗粒）的粒径大小和组成，将土分成细粒土、中粒土和粗粒土。不同的土与无机结合料拌和得到不同的稳定材料，如石灰土、水泥土、水泥沙砾、石灰粉煤灰碎石等。

无机结合料稳定材料种类较多，其物理、力学性质各异，使用时应根据结构要求、掺加剂和原材料的供应情况及施工条件，综合技术经济情况比较后选定。

6.2.1　无机结合料稳定材料的物理力学特性

无机结合料稳定材料的物理力学特性包括应力-应变特性、疲劳特性、收缩（温缩和干缩）特性。

（1）无机结合料稳定材料的应力-应变特性

无机结合料稳定材料的重要特点之一是强度和模量随龄期的增长而不断增长，逐渐具有一定的刚性性质。一般规定水泥稳定类材料设计龄期为 90 d，石灰或石灰粉煤灰（简称二灰）稳定材料设计龄期为 180 d。

无机结合料稳定材料应力-应变特性试验方法有顶面法、侧面法、夹具法及承载板法等。试件有圆柱体试件和梁式（分大、中、小梁，根据被稳定材料的粒径大小确定）试件。试验内容有抗压强度、抗压回弹模量、劈裂强度和劈裂模量、弯拉强度和弯拉模量等。

由于材料的变异性和试验过程的不稳定性，因此，同一种材料采用不同的试验方法、同一种试验方法采用不同的材料及同一种试验方法试件在不同龄期试验结果存在差异性。通过各种试验方法的综合比较，认为抗压试验和劈裂试验较符合实际。表 6.6 给出了水泥稳定碎石抗压强度 R、抗压回弹模量 E_p、劈裂强度 σ_{sp} 及劈裂模量 E_{sp} 与龄期之间的关系。表 6.7 为石灰粉煤灰稳定碎石的力学特性指标与龄期的关系。

表 6.6　水泥稳定碎石的力学特性指标与龄期的关系

力学参数/MPa	28 d	90 d	180 d	28 d/180 d	90 d/180 d
R	4.49	5.57	6.33	0.71	0.88
E_p	2 093	3 097	3 872	0.54	0.80
σ_{sp}	0.413	0.634	0.813	0.51	0.78
E_{sp}	533	926	1 287	0.41	0.72

表 6.7　石灰粉煤灰稳定碎石的力学特性指标与龄期关系

力学参数/MPa	28 d	90 d	180 d	28 d/180 d	90 d/180 d
R	3.10	5.75	8.36	0.37	0.69
E_p	1 086	1 993	2 859	0.38	0.70
σ_{sp}	0.219	0.536	0.913	0.41	0.29
E_{sp}	359	960	1 720	0.37	0.56

无机结合料稳定材料的应力-应变特性与原材料的性质、结合料的性质和剂量及密实度、含水率、龄期、温度等有关。

（2）无机结合料稳定材料的疲劳特性

材料的抗压强度是材料组成设计的主要依据。由于无机结合料稳定材料的抗拉强度远小于其抗压强度，因此，材料的抗拉强度是路面结构设计的控制指标。

抗拉强度试验方法有直接抗拉试验、间接抗拉试验（劈裂试验）和弯拉试验。常用的疲劳试验有弯拉疲劳试验和劈裂疲劳试验。

无机结合料稳定材料的疲劳寿命主要取决于重复应力与极限应力之比 σ_f / σ_s，原则上当 σ_f / σ_s 小于 50% 时，无机结合料稳定材料可经受无限次重复加荷次数而无疲劳破裂。但是，因材料的变异性，故实际试验时其疲劳寿命要小得多。

疲劳性能通常用 σ_f / σ_s 与达到破坏时反复作用次数（N_f）所绘成的散点图来表示。试验证明，σ_f / σ_s 与 N_f 之间关系通常用双对数疲劳方程（$\lg N_f = a + b \lg \sigma_f / \sigma_s$）及单对数疲劳方程（$\lg N_f = a + b \lg \sigma_f / \sigma_s$）来表示较为合理。

在一定的应力或应变条件下，材料的疲劳寿命取决于材料的强度和刚度。强度越大，刚度越小，其疲劳寿命就越长。

由于材料的不均匀性，因此无机结合料稳定材料的疲劳方程还与材料试验的变异性有关。不同的存活率（到达疲劳寿命时出现破坏的概率）将得出不同的疲劳方程（见图 6.11、图 6.12）。

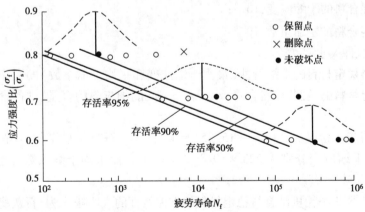

图 6.11　水泥沙砾（小梁）应力强度比与疲劳寿命关系曲线

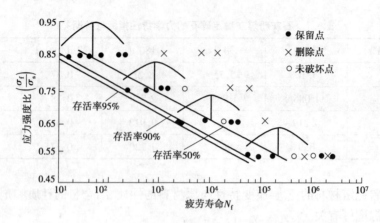

图 6.12 二灰沙砾(小梁)应力强度比与疲劳寿命关系曲线

(3)无机结合料稳定材料的干缩特性

无机结合料稳定材料经拌和压实后,因水分蒸发和混合料内部的水化作用,混合料的水分会不断减少。由此发生的毛细管作用、吸附作用、分子间力的作用、材料矿物晶体或凝胶体间层间水的作用及碳化收缩作用等会引起无机结合料稳定材料的体积收缩。

描述材料干缩特性的指标主要有干缩应变、干缩系数、干缩量、失水量、失水率及平均干缩系数。干缩应变 ε_d 是水分损失引起的试件单位长度的收缩量($\times 10^{-6}$);干缩系数是某失水量时,试件单位失水率的干缩应变($\times 10^{-6}$);干缩量是水分损失时试件的收缩量(10^{-3} mm);失水量是试件失去水分的质量(g);失水率是试件单位质量的失水量(%)。平均干缩系数 α_d 是某失水量时,试件的干缩应变与试件的失水率之比($\times 10^{-6}$)。

$$\left.\begin{array}{l} \varepsilon_d = \dfrac{\Delta l}{l} \\[2mm] \alpha_d = \dfrac{\varepsilon_d}{\Delta \omega} \end{array}\right\} \tag{6.2}$$

式中 Δl ——水分损失引起的试件整体收缩量;

  l ——试件的长度,m;

  ε_d ——混合料的干缩应变, 10^{-6} ;

  α_d ——混合料的干缩系数, 10^{-6} ;

  $\Delta \omega$ ——试件失水率,%。

无机结合料稳定材料的干缩特性(最大干缩应变和平均干缩系数)的大小与结合料的类型、剂量、被稳定材料的类别、粒料含量、小于 0.6 mm 的细集料的含量、试件含水率和龄期等有关。

例如,某(石灰 + 粉煤灰):碎石 = 15:85(质量比)与(石灰 + 粉煤灰):碎石 = 20:80 时,7 d 龄期的最大干缩应变分别为 223×10^{-6} , 273×10^{-6} ,而平均干缩系数分别为 55×10^{-6} , 65×10^{-6} 。

对稳定粒料类,3 类无机结合料稳定材料的干缩特性的大小顺序为:石灰稳定类 > 水泥稳定类 > 石灰粉煤灰稳定类。

对稳定细粒土,3 类无机结合料稳定材料的收缩性的大小排列为:石灰土 > 水泥土和水泥石灰土 > 石灰粉煤灰土。

(4)无机结合料稳定材料的温度收缩特性

无机结合料稳定材料是由固相(组成其空间骨架的原材料的颗粒和其间的胶结物)、液相(存在于固相表面与空隙中的水和水溶液)和气相(存在于空隙中的气体)组成。因此,无机结合料稳定材料的外观胀缩性是三相不同温度收缩综合效应的结果。原材料中沙粒以上颗粒的温度收缩系数较小,粉粒以下的颗粒温度收缩系数较大。一般气相在综合效应中影响较小,可忽略。

无机结合料稳定材料的温度收缩与结合料类型和剂量、被稳定材料的类别、粒料含量、龄期和日温差以及季节性温差等有关。试验结果表明,石灰土沙砾(16.7×10^{-6}) > 悬浮式石灰粉煤灰粒料(15.3×10^{-6}) > 密实式石灰粉煤灰粒料(11.4×10^{-6})和水泥沙砾(5% ~7% 水泥剂量为($10 \sim 15$) $\times 10^{-6}$)。

无机结合料稳定材料基层,成型初期基层内部含水率大,且尚未被沥青面层封闭,基层内部的水分必然要蒸发,从而发生由表及里的干燥收缩。同时,环境温度也存在昼夜温度差,因此,修建初期的无机结合料稳定材料基层同时受到干燥收缩和温度收缩的综合作用,必须注意养生保护。经验表明,在季节性温差较大的地区,春秋两季修建的无机结合料稳定材料基层,其温缩导致的开裂现象明显少于夏季修建的。

经过一定龄期的养生,无机结合料稳定材料基层上铺筑沥青面层后,基层内相对湿度略有增大,使材料的含水率趋于平衡,这时无机结合料稳定材料基层的变形以温度收缩为主。

6.2.2 石灰稳定类基层

在粉碎的土和原状松散的土(包括各种粗、中、细粒土)中掺入适量的石灰和水,按照一定技术要求,经拌和,在最佳含水率下摊铺、压实及养生,其抗压强度符合规定要求的路面基层,称为石灰稳定类基层。用石灰稳定细粒土得到的混合料,简称石灰土;所做成的基层,称石灰土基层(底基层)。

石灰剂量是石灰质量占全部土颗粒的干质量的百分率,即

$$石灰剂量 = \frac{石灰质量}{干土质量}$$

石灰稳定土一般是指石灰土(以细粒土、天然土为主)。它具有一定的抗压强度和弯拉强度,且强度随龄期逐渐增加,但因其吸水性、透水性和水稳定性较差,适用于各级公路路面的底基层和二级以下公路的基层,不得用作二级和二级以上公路路面的基层。在冰冻地区的潮湿路段和其他地区的过湿路段,不宜采用石灰土作基层和底基层。

(1)石灰稳定土强度形成机理

土中掺入适量的石灰,在最佳含水率下拌匀压实,石灰与土会发生一系列的物理、化学作用,土的性质会发生根本的变化,从而使石灰稳定土具有一定强度。石灰与土间发生的物理化学作用一般分4个方面:离子交换作用、结晶硬化作用、火山灰作用及碳酸化作用。

1)离子交换作用

土的微小颗粒具有一定的胶体性质。它们一般都带有负电荷,表面吸附着一定数量的钠、氢、钾等低价阳离子(Na^+,H^+,K^+)。石灰是一种强电解质,在土中加入石灰和水后,石灰在溶液中电离出来的钙离子(Ca^{2+})与土中的钠、氢、钾离子产生离子交换作用,原来的钠(钾)土变成钙土,土颗粒表面所吸附的离子由一价变成二价,减少了土颗粒表面吸附水膜的厚度,使

土粒相互之间更为接近,分子引力随之增加。许多单个土粒聚成小团粒,组成一个稳定结构。

2)结晶硬化作用

在石灰土中只有一部分熟石灰 $Ca(OH)_2$ 进行离子交换作用,绝大部分饱和的 $Ca(OH)_2$ 自行结晶。熟石灰与水作用生成熟石灰结晶网格。其化学反应式为

$$Ca(OH)_2 + nH_2O \longrightarrow Ca(OH)_2 \cdot nH_2O$$

3)火山灰作用

熟石灰的游离 Ca^{2+} 与土中的活性氧化硅 SiO_2 和氧化铝 Al_2O_3 作用生成含水的硅酸钙和铝酸钙的化学反应就是火山灰作用。其化学反应式为

$$xCa(OH)_2 + SiO_2 \longrightarrow xCaO \cdot SiO_2(n+1)H_2O$$

$$xCa(OH)_2 + Al_2O_3 + nH_2O \longrightarrow xCaO \cdot Al_2O_3(n+1)H_2O$$

上述所形成的熟石灰结晶网格、含水的硅酸钙和铝酸钙结晶都是胶凝物质,具有水硬性并能在固体和水两相环境下发生硬化。这些胶凝物质在土颗粒团外围形成一层稳定保护膜,填充颗粒空隙,使颗粒间产生结合料,减少了颗粒间的空隙与透水性,同时提高密实度。这是石灰土获得强度和水稳定性的基本原因,也是石灰土后期强度增长的主要原因,但这种作用的发展比较缓慢。

4)碳酸化作用

碳酸化作用是指土中的 $Ca(OH)_2$ 与空气中的 CO_2 发生作用。其化学反应式为

$$Ca(OH)_2 + CO_2 \longrightarrow CaCO_3 + H_2O$$

$CaCO_3$ 是坚硬的结晶体,它与其生成的复杂盐类把土粒胶结起来,从而大大提高了土的强度和整体性。

由于石灰与土发生了一系列的相互作用,因此,土的性质发生了根本的改变。在初期,主要表现为土的结团、塑性降低、最佳含水率增加及最大密实度减小等;后期主要表现为结晶结构的形成,从而提高其板体性、强度和稳定性。

(2)影响强度的因素

1)土质

各种成因的土都可用石灰来稳定,采用的土质,既要考虑其强度,还要考虑施工时易于粉碎、便于碾压成型。当采用高液限黏土时,施工不易粉碎;采用粉性土的石灰土,早期强度较低,但后期强度也可满足行车要求;采用低液限土质时,易拌和,但难以碾压成型,稳定的效果不显著。一般采用塑性指数 15~20 的黏质土较合适。塑性指数偏大的黏质土,要加强粉碎,粉碎后,土中的土块宜不超过 15 mm。经验证明,塑性指数小于 10 的土不宜用石灰稳定。对硫酸盐类含量超过 0.8% 或腐殖质含量超过 10% 的土,对强度有显著影响,不宜直接采用。

2)灰质

石灰应是消石灰粉或生石灰粉。对高速公路或一级公路,宜用磨细生石灰粉。

石灰质量应符合Ⅲ级以上的技术指标(见表 6.8),并要尽量缩短石灰的存放时间。在同等石灰剂量下,质量好的石灰,稳定效果好。如采用质量差的石灰,为了满足石灰土的技术要求,需适当增加石灰剂量。

3)石灰剂量

石灰剂量是指石灰干重占干土重的百分率。

石灰剂量对石灰土强度影响显著。石灰剂量较低(小于3%)时,石灰主要起处治作用,可

减弱土的塑性、膨胀性,改善土的密实度、强度,称为石灰处治土。随着石灰剂量的增加,石灰土强度和稳定性均提高,但石灰剂量超过一定范围时,石灰土强度反而降低。生产实践中,常用的最佳剂量范围:对黏质土及粉质土,为8%~14%;对沙类土,为9%~16%。石灰剂量的确定应根据结构层技术要求进行混合料组成设计。

表 6.8　石灰技术要求

指　标	钙质生石灰			镁质生石灰			试验方法
	Ⅰ	Ⅱ	Ⅲ	Ⅰ	Ⅱ	Ⅲ	
有效氧化钙加氧化镁含量/%	≥85	≥80	≥70	≥80	≥75	≥65	T0813
未消化残渣含量/%	≤7	≤11	≤17	≤10	≤14	≤20	T0815
钙镁石灰的分类界限,氧化镁含量/%	≤5			>5			T8012

指　标		钙质消石灰			镁质消石灰			试验方法
		Ⅰ	Ⅱ	Ⅲ	Ⅰ	Ⅱ	Ⅲ	
有效氧化钙加氧化镁含量/%		≥65	≥60	≥55	≥60	≥55	≥50	T0813
含水率/%		≤4	≤4	≤4	≤4	≤4	≤4	T0801
细度	0.60 mm 方孔筛的筛余/%	0	≤1	≤1	0	≤1	≤1	T0814
	0.15 mm 方孔筛的筛余/%	≤13	≤20	≤13	≤20	—	—	T0814
钙镁石灰的分类界限,氧化镁含量/%		≤4			>4			T8012

4)含水率

水是石灰土的重要组成部分。它促使石灰和土发生物理-化学变化,形成强度;便于土的粉碎、拌和与压实,并且有利于养生。不同土质的石灰土有不同的最佳含水率。因此,需通过标准击实试验确定,并用以控制施工中的实际加水量。水应是干净可供饮用的水。

5)密实度

石灰土的强度随密实度的增加而增长。实践证明,石灰土的密实度每增减1%,强度约增减4%。而密实的石灰土,其抗冻性、水稳定性也好,缩裂现象也少。

6)石灰土的龄期

石灰土强度具有随龄期增长的特点。一般石灰土初期强度低,前期(30~60 d)增长速率较后期快。石灰土强度与龄期关系可表示为

$$R_t = R_1 t^\beta \tag{6.3}$$

式中　R_1——一个月龄期抗压强度;

　　　R_t——t个月龄期抗压强度;

　　　β——系数,为0.1~0.5。

7)养生条件

养生条件主要是指温度与湿度。养生条件不同,其强度也有差异。当温度高时,物理-化学反应、硬化、强度增长快;反之,强度增长慢,在负温条件下甚至不增长。因此,要求施工的最低温度应在5 ℃以上,并在第一次重冰冻(-5~-3 ℃)到来之前一个月至一个半月内完成。

实践证明,温度较高的季节施工的石灰土强度高,质量更有保证。

养生的湿度条件对石灰土的强度也有很大影响。实践证明,在一定潮湿条件下养生的强度比在一般空气中养生好。

（3）石灰土基层的缩裂防治

石灰稳定土基层缩裂防治的措施如下：

①控制压实含水率。石灰稳定土因含水率过多产生的干缩裂缝显著,因此,压实时含水率一定不要大于最佳含水率,应略小于最佳含水率。

②严格控制压实标准。实践证明,压实度小时产生的干缩要比压实度大时严重。因此,应尽可能达到最大压实度。

③温缩的最不利季节是材料处于最佳含水率附近,且气温为 0 ~ 10 ℃。因此,施工要在当地气温降为 0 ℃前一个月结束,以防在不利季节施工产生严重温缩。

④干缩的最不利情况发生在石灰稳定土成型初期。因此,要重视初期养护,保证石灰土表面处于潮湿状态,严防干晒。

⑤石灰稳定土施工结束后,要及早铺筑面层,使石灰土基层含水率不发生大变化,可减轻干缩裂隙。

⑥在石灰稳定土中掺加集料(沙砾、碎石等),集料含量为 70% ~80%,并使混合料满足最佳组成要求,不但能提高强度和稳定性,而且具有较好的抗裂性。

基层的缩裂会反射到面层,为了防止基层裂缝的反射,国内外常采取以下措施：

①设置联结层。设置沥青碎石或沥青贯入式联结层,是防止反射裂缝的有效措施。

②铺筑碎石隔离过渡层。在石灰稳定土基层与沥青面层间铺筑厚 10 ~20 cm 的碎石层或玻纤格栅,可减少反射裂缝出现。

（4）石灰稳定土混合料设计

石灰稳定土由土、石灰和水组成。混合料的组成设计包括:根据强度标准,通过试验选取合适的土,以及确定必需的或最佳的石灰剂量和混合料的最佳含水率。

1)石灰稳定土的强度标准

石灰稳定土的强度标准根据相应的公路等级和在路面结构中的层位而定。在规定温度保湿养生 6 d、浸水 1 d 后无侧限抗压强度标准见表 6.9。

表 6.9　石灰稳定细粒土 7 d 无侧限抗压强度与压实度标准

层位	稳定材料类型	高速公路及一级公路		二级及二级以下公路	
		压实度/%	抗压强度/MPa	压实度/%	抗压强度/MPa
基层	集料	—	—	≥97	≥0.8
	细粒土	—		≥95	
底基层	集料	≥97	≥0.8[①]	≥95	≥0.5 ~ 0.7[②]
	细粒土	≥95		≥93	

注:①在低塑性土(塑性指数小于 7)地区,石灰稳定沙砾和碎石的 7 d 龄期无侧限抗压强度应大于 0.5 MPa。

②低限用于塑性指数小于 7 的黏土,高限用于塑性指数大于或等于 7 的黏土。

2)混合料的设计步骤

①制备同一种土样、不同石灰剂量的石灰稳定土混合料,根据不同的层位,可参照下列石

灰剂量进行配制：

A. 作基层用：

沙砾土和碎石土：3%，4%，5%，6%，7%。

塑性指数小于 12 的黏性土：10%，12%，13%，14%，16%。

塑性指数大于 12 的黏性土：5%，7%，9%，11%，13%。

B. 作底基层用：

塑性指数小于 12 的黏性土：8%，10%，11%，12%，14%。

塑性指数大于 12 的黏性土：5%，7%，8%，9%，11%。

②确定混合料的最佳含水率和最大干压实密度（用重型击实标准试验），至少做 3 个不同石灰剂量混合料的击实试验，即最小剂量、中间剂量和最大剂量。

③按最佳含水率与工地预期达到的压实密度制备试件，进行强度试验时，做平行试验的试件数量应符合规定。

④试件在规定温度（20 ± 2 ℃）下保湿养生 6 d，浸水 1 d，进行无侧限抗压强度试验。

根据表 6.9 的强度标准，选定合适的石灰剂量，室内试验结果的平均抗压强度 R 应符合的要求为

$$\overline{R} \geq \frac{R_\mathrm{d}}{1 - Z_\mathrm{a} C_\mathrm{v}} \tag{6.4}$$

式中　R_d——设计抗压强度，MPa；

C_v——试验结果的偏差系数（小数计）；

Z_a——标准正态分布表中随保证率（或置信度 α）而变化的系数，重交通道路应取保证率 95%，此时 $Z_\mathrm{a} = 1.645$；其他道路可取保证率为 90%，即 $Z_\mathrm{a} = 1.282$。

工地实际采取的石灰剂量应较试验室内试验确定的剂量多 0.5% ~ 1.0%。具体可参见《公路路面基层施工技术细则》（JTG/T F20—2015）。

6.2.3　水泥稳定类基层

在粉碎的或原状松散的土（包括各种粗、中、细粒土）中，掺入适量水泥和水，按照技术要求，经拌和摊铺，在最佳含水率时压实及养护，其抗压强度符合规定要求，以此修建的路面基层，称为水泥稳定类基层。当采用水泥稳定细粒土（沙类土、粉质土或黏质土）时，简称水泥土。

水泥是水硬性结合料，绝大多数的土类（高塑性黏土和有机质较多的土除外）都可用水泥来稳定，改善其物理力学性质，适应各种不同的气候条件与水文地质条件。水泥稳定类基层具有良好的整体性，足够的力学强度、抗水性和耐冻性。其初期强度较高，且强度随龄期增长而增加，所以应用范围很广。近年来，在我国一些路面工程中，水泥稳定土可用于路面结构的基层和底基层，在保证路面使用品质上取得了满意的效果。但水泥稳定土禁止作为高速公路或一级公路路面的基层，只能用作底基层。

（1）强度形成机理

在水泥稳定土中，水泥、土和水之间发生多种复杂的物理化学作用，从而使土的性能发生明显的变化。这些作用可分为以下 3 种：

①化学作用。如水泥颗粒的水化、硬化作用，有机物的聚合作用，以及水泥水化产物与黏土矿物之间的化学作用等。

②物理-化学作用。如黏土颗粒与水泥及水泥水化产物之间的吸附作用,微粒的凝聚作用,水及水化产物的扩散、渗透作用,以及水化产物的溶解、结晶作用等。

③物理作用。如土块的机械粉碎作用,以及混合料的拌和、压实作用等。现就其中一些主要作用过程分述如下:

1)水泥的水化作用

在水泥稳定土中,首先发生的是水泥自身的水化反应,从而产生具有胶结能力的水化产物,这是水泥稳定土强度的主要来源。

水泥水化生成的产物,在土的孔隙中相互交织搭接,将土颗粒包覆连接起来,使土逐渐丧失了原有的塑性等性质,并且随着水化产物的增加,混合料也逐渐坚固起来。但水泥稳定土中水泥的水化与水泥混凝土中水泥的水化之间还有所不同。这是因为:土具有非常高的比表面积和亲水性;水泥稳定土中的水泥含量较少;土对水泥的水化产物具有强烈的吸附性;在一些土中常存在酸性介质环境。由于这些特点,在水泥稳定土中,水泥的水化硬化条件较水泥混凝土中差得多,特别是因黏土矿物对水化产物中的 $Ca(OH)_2$ 具有极强的吸附和吸收作用,使溶液中的碱度降低,从而影响了水泥水化产物的稳定性;水化硅酸钙中的 C/S 会逐渐降低析出 $Ca(OH)_2$,使水化产物的结构和性能发生变化,进而影响混合料的性能。因此,在选用水泥时,若其他条件相同,应优先选用硅酸盐水泥。必要时,还应对水泥稳定土进行"补钙",以提高混合料中的碱度。

2)离子交换作用

土中的黏土颗粒由于颗粒细小、比表面积大,因此具有较高的活性。当黏土颗粒与水接触时,黏土颗粒表面通常带有一定量的负电荷,在黏土颗粒周围形成一个电场,这层带负电荷的离子就称为电位离子。带负电荷的黏土颗粒表面,吸引周围溶液中的正离子,如 K^+,Na^+ 等,而在颗粒表面形成一个双电层结构,这些与电位离子电荷相反的离子就称为反离子。在双电层中电位离子形成内层结构,反离子形成外层结构。靠近颗粒的反离子与颗粒表面结合较紧密。当黏土颗粒运动时,结合较紧密的反离子将随颗粒一起动,而其他反离子将不产生运动,由此在运动与不运动的反离子之间便出现了一个滑移面。

由于在黏土颗粒表面存在着电场,因此也存在着电位。颗粒表面电位离子形成的电位,称为热力学电位 φ;滑动面上的电位,称为电动位 ξ。因反离子的存在,离开颗粒表面越远电位越低,经过一定的距离电位将降低为零,此距离称为双电层厚度。由于各个黏土颗粒表面都具有相同的双电层结构,因此,黏土颗粒之间往往间隔着一定的距离。

在硅酸盐水泥中,硅酸三钙和硅酸二钙占主要部分,其水化后所生成的氢氧化钙所占的比率也较高,可达水化产物的25%。大量的氢氧化钙溶于水以后,在土中形成了一个富含 Ca^{2+} 的碱性溶液环境。当溶液中富含 Ca^{2+} 时,由于 Ca^{2+} 的电价高于 K^+,Na^+ 等离子,因此,与电位离子的吸引力较强,从而取代了 K^+,Na^+,成为反离子,同时 Ca^{2+} 也因双电层电位的降低速度加快,因而使电动电位减小、双电层的厚度减薄,使黏土颗粒之间的距离减小,相互靠拢,导致土的凝聚,从而改变土的塑性,使土具有一定的强度和稳定性。这种作用就称为离子交换作用。

3)化学激发作用

钙离子的存在不仅影响黏土颗粒表面双电层的结构,而且在这种碱性溶液环境下,土本身的化学性质也将发生变化。

土的矿物组成中含有大量的硅氧四面体和铝氧八面体。在通常情况下,这些矿物具有比较高的稳定性,但当黏土颗粒周围介质的 pH 值增加一定程度时,黏土矿物中的部分 SiO_2 和 Al_2O_3 的活性将被激发出来,与溶液中的 Ca^{2+} 进行反应,生成新的矿物。这些矿物主要是硅酸钙和铝酸钙系列,如 $4CaO \cdot 5SiO_2 \cdot 5H_2O$,$4CaO \cdot Al_2O_3 \cdot 19H_2O$,$3CaO \cdot Al_2O_3 \cdot 16H_2O$,$CaO \cdot Al_2O_3 \cdot 10H_2O$ 等。这些矿物的组成和结构与水泥的水化产物都有很多类似之处,并且同样具有胶凝能力。生成的这些胶结物质包裹在黏土颗粒表面,与水泥的水化产物一起将黏土颗粒凝结成一个整体。因此,氢氧化钙对黏土矿物的激发作用,将进一步提高水泥稳定土的强度和水稳定性。

4)碳酸化作用

水泥水化生成的 $Ca(OH)_2$,除了可与黏土矿物发生化学反应外,还可进一步与空气中的 CO_2 发生碳化反应并生成碳酸钙结晶。其化学反应式为

$$Ca(OH)_2 + CO_2 + nH_2O \longrightarrow CaCO_3 + (n+1)H_2O$$

(2)影响强度的因素

1)土质

土的类别和性质是影响水泥稳定土强度的重要因素,各类沙砾土、沙土、粉土和黏土均可用水泥稳定,但稳定效果不同。试验和生产实践证明,用水泥稳定级配良好的碎(砾)石和沙砾,效果最好,不但强度高,而且水泥用量少,其次是沙性土,再次是粉性土和黏性土。重黏土难于粉碎和拌和,不宜单独用水泥来稳定。因此,一般要求土的塑性指数不大于 17。

2)水泥的成分和剂量

各种类型的水泥都可用于稳定土。但试验研究证明,水泥的矿物成分和分散度对其稳定效果有明显影响。对同一种土,通常情况下硅酸盐水泥的稳定效果好,而铝酸盐水泥较差。

在水泥硬化条件相似而矿物成分相同时,随着水泥分散度的增加,其活性和硬化能力也有所增大,从而水泥土的强度也大大提高。

水泥土的强度随水泥剂量的增加而增长,但过多的水泥用量,虽能获得强度的增加,在经济上却不一定合理,在效果上也不一定显著,而且因刚性过大容易开裂。试验和研究证明,对中粒土和粗粒土,水泥剂量取 4% ~6% 较为合理。

3)含水率

含水率对水泥稳定土强度影响很大。当含水率不足时,水泥不能在混合料中完全水化和水解,发挥不了水泥对土的稳定作用,影响强度形成。同时,含水率小,达不到最佳含水率也影响水泥稳定土的压实度。因此,使含水率达到最佳的同时,还要满足水泥完全水化和水解作用的需要。

水泥正常水化所需的水量约为水泥重的20cVc,对沙性土,完全水化达到最高强度的含水率较最佳密度的含水率为小;对黏性土,则相反。

4)施工工艺

水泥、土和水应拌和均匀,且在最佳含水率下充分压实,使之干密度最大,其强度和稳定性就高。水泥稳定土从开始加水拌和到完成压实的延续时间要尽可能最短,一般要在 6 h 以内。若时间过长,则水泥凝结,在碾压时,不但达不到压实度要求,而且也会破坏已结硬水泥的胶凝作用,反而使水泥稳定土强度下降。在水泥终凝时间达不到规定要求时,可使用一定剂量的缓凝剂,但缓凝剂的品种应根据试验确定。

水泥稳定土需湿法养生,以满足水泥水化形成强度的需要。养生温度越高,强度增加得越

快。因此,要保证水泥稳定土养生的温度和湿度条件。

(3)材料要求及混合料组成设计

1)材料要求

①土

凡能被粉碎的土都可用水泥稳定。宜作水泥稳定类基层的材料有碎石、石屑、沙砾、碎石土及砾石土等。粗集料及细集料的技术要求见表6.10和表6.11,集料的分档要求见表6.12。

表6.10　粗集料的技术要求

指　标	层位	高速公路和一级公路				二级及二级以下公路		试验方法
		极重、特重交通		重、中、轻交通				
		Ⅰ类	Ⅱ类	Ⅰ类	Ⅱ类	Ⅰ类	Ⅱ类	
压碎值/%	基层	≤22*	≤22	≤26	≤26	≤35	≤30	T0316
	底基层	≤30	≤26	≤30	≤26	≤40	≤35	
针片状颗粒含量/%	基层	≤18	≤18	≤22	≤18	—	≤20	T0312
	底基层	—	≤20	—	≤20	—	≤20	
0.075 mm以下粉尘含量/%	基层	≤1.2	≤1.2	≤2	≤2	—	—	T0310
	底基层	—	—	—	—	—	—	
软石含量/%	基层	≤3	≤3	≤5	≤5	—	—	T0320
	底基层	—	—	—	—	—	—	

注:* 对花岗岩石料,压碎值可放宽至25%。

表6.11　细集料的技术要求

项　目	水泥稳定*	石灰稳定	石灰粉煤灰综合稳定	水泥粉煤灰综合稳定	试验方法
颗粒分析	满足级配要求				T0302/0303/0327
塑性指数**	≤17	适宜范围15~20	适宜范围12~20	—	T0118
有机质含量/%	<2	≤1	≤10	<2	T0313/0336
硫酸盐含量/%	≤0.25	≤0.8	≤0.25	—	T0341

注:* 水泥稳定包含水泥石灰综合稳定。

　　** 应测定0.075 mm以下材料的塑性指数。

表6.12　集料的分档要求

| 层位 | 高速公路和一级公路 | | 二级及二级以下公路 |
	极重、特重交通	重、中、轻交通	
基层	≥5	≥4	≥3 或 4ᵃ
底基层	≥4	≥3 或 4*	≥3

注:* 对一般工程可选择不少于3档备料,对极重、特重交通荷载等级且强度要求较高时,为了保证级配的稳定,宜选择不少于4档备料。

当被稳定材料中含有一定量的碎(砾)石,且小于 0.6 mm 的颗料含量在 30% 以下时,塑性指数可大于 17,且土的均匀系数应大于 50。水泥稳定材料的推荐级配范围见表 6.13。用于高速公路和一级公路的底基层时,被稳定材料的公称最大粒径应不大于 31.5 mm,级配宜符合表 6.13 中 C-A-1 或 C-A-2 的规定,被稳定材料中不宜含有黏质土或粉质土。用于二级以下公路的基层时,级配宜符合表 6.13 中 C-A-1 的规定,被稳定材料中不宜含有黏质土或粉质土。用于二级以下公路的基层时,级配宜符合表 6.13 中 C-A-3 的规定,被稳定材料的公称最大粒径应不大于 37.5 mm。用于二级及二级以下公路的底基层时,级配宜符合表 6.13 中 C-A-4 的规定,被稳定材料的公称最大粒径应不大于 37.5 mm。

水泥稳定级配碎(砾)石的推荐级配范围见表 6.14。用于高速公路和一级公路时,级配宜符合表 6.14 中 C-B-1 或 C-B-2 的规定,混合料密实时也可采用 C-B-3,C-B-1 宜用作基层和底基层,C-B-2 宜用作基层,C-B-3 宜用作极重、特重交通荷载等级的基层;用于二级及二级以下公路时,级配宜符合表 6.14 中 C-C-1,C-C-2,C-C-3 的规定,C-C-1 宜用作基层和底基层,C-C-2 和 C-C-3 宜用作基层。

表 6.13　水泥稳定材料的推荐级配范围/%

筛孔尺寸/mm	高速公路和一级公路的底基层或二级公路的基层	高速公路和一级公路的底基层	二级以下公路的基层	二级及二级以下公路的底基层
	C-A-1	C-A-2	C-A-3	C-A-4
53	—	—	100	100
37.5	100	100	90 ~ 100	—
31.5	90 ~ 100	—	—	—
26.5	—	—	66 ~ 100	—
19	67 ~ 90	—	54 ~ 100	—
9.5	45 ~ 68	—	39 ~ 100	—
4.75	29 ~ 50	50 ~ 100	28 ~ 84	50 ~ 100
2.36	18 ~ 38	—	20 ~ 70	—
1.18	—	—	14 ~ 75	—
0.6	8 ~ 22	17 ~ 100	8 ~ 47	17 ~ 100
0.075	0 ~ 7	0 ~ 30	0 ~ 30	0 ~ 50

注:水泥稳定材料不包括水泥稳定级配碎(砾)石。

表 6.14　水泥稳定级配碎(砾)石的推荐级配范围/%

筛孔尺寸/mm	高速公路和一级公路			二级及二级以下公路		
	C-B-1	C-B-2	C-B-3	C-C-1	C-C-2	C-C-3
37.5	—	—	—	100	—	—
31.5	—	—	100	90 ~ 100	100	—

续表

筛孔尺寸/mm	高速公路和一级公路			二级及二级以下公路		
	C-B-1	C-B-2	C-B-3	C-C-1	C-C-2	C-C-3
26.5	100	—	—	81~94	90~100	100
19	82~86	100	68~86	67~83	73~87	90~100
16	73~79	88~93		61~78	65~82	79~92
13.2	65~72	76~86		54~73	58~75	67~83
9.5	53~62	59~72	38~58	45~64	47~66	52~71
4.75	35~45	35~45	22~32	30~50	30~50	30~50
2.36	22~31	22~31	16~28	19~36	19~36	19~36
1.18	13~22	13~22	—	12~26	12~26	12~26
0.6	8~15	8~15	8~19	8~19	8~19	—
0.3	5~10	5~10		5~14	5~14	5~14
0.15	3~7	3~7		3~10	3~10	3~10
0.075	2~5	2~5	0~3	2~7	2~7	2~7

②水泥

普通硅酸盐水泥、矿渣硅酸盐水泥或火山灰质硅酸盐水泥都可用于稳定土,但应选用终凝时间较长(宜6 h以上)的水泥。早强、快硬及受潮变质的水泥不应使用。宜采用强度等级较低的水泥,如32.5级或42.5级水泥。

③水

饮用水。

2)混合料组成设计

水泥稳定土混合料组成设计与石灰稳定土基本相同。

①强度和压实度标准

7 d无侧限抗压强度和压实度应根据公路等级和所在路面结构中的层位确定,见表6.15。水泥稳定材料推荐水泥剂量试验见表6.16,水泥的最小剂量见表6.17。

表6.15 水泥稳定材料的7 d无侧限抗压强度与压实度标准

层位	稳定材料类型	高速公路及一级公路				二级及二级以下公路			
		压实度/%	抗压强度/MPa			压实度/%	抗压强度/MPa		
			极重、特重	重	中、轻		极重、特重	重	中、轻
基层	集料	≥98	5.0~7.0	4.0~6.0	3.0~5.0	≥97	4.0~6.0	3.0~5.0	2.0~4.0
	细粒土	—	—	—	—	≥95			
底基层	集料	≥97	3.0~5.0	2.5~4.5	2.0~4.0	≥95	2.5~4.5	2.0~4.0	1.0~3.0
	细粒土	≥95				≥93			

表6.16 水泥稳定材料配合比设计试验推荐水泥试验剂量标准

被稳定材料	条 件		推荐水泥试验剂量/%
有级配的碎(砾)石	基层	$R,1 \geqslant 5.0$ MPa	5,6,7,8,9
		$R_d < 5.0$ MPa	3,4,5,6,7
土、沙、石屑等		塑性指数 < 12	5,7,9,11,13
		塑性指数 ≥ 12	8,10,12,14,16
有级配的碎(砾)石	底基层	—	3,4,5,6,7
土、沙、石屑等		塑性指数 < 12	4,5,6,7,8
		塑性指数 ≥ 12	6,8,10,12,14
碾压贫混凝土	基层	—	7,8,5,10,11,13

注:水泥剂量是水泥质量占干土质量的百分比。

表6.17 水泥的最小剂量标准/%

被稳定材料类型	拌和方法	
	路拌法	集中厂拌法
中、粗粒材料	4	3
细粒材料	5	4

②设计步骤

A. 制备同一种土样、不同水泥剂量的混合料,一般按下面的水泥剂量配制。

a. 作基层时

中粒土和粗粒土:5%,6%,7%,8%,9%,或3%,4%,5%,6%,7%。

塑性指数小于12的土:5%,7%,9%,11%,13%。

其他细粒土:6%,8%,1%,12%,14%。

b. 作底基层时

中粒土和粗粒土:3%,4%,5%,6%,7%。

塑性指数小于12的土:4%,5%,6%,7%,8%。

他细粒土:6%,8%,10%,12%,14%。

B. 确定最佳含水率和最大干压实密度。

C. 按最佳含水率和计算得到的干压实密度制作试件。根据表6.15强度标准选定合适的水泥剂量。在此剂量下,试件室内试验结果的平均抗压强度 R 应符合式(6.4)的要求。

工地实际采用的水泥剂量应比室内试验确定剂量多0.5%~1.0%。具体可参照《公路路面基层施工技术细则》(JTG/T F20—2015)进行。

6.2.4 工业废渣稳定基层

随着工业的发展,工业废渣逐渐增多,怎样综合利用工业废渣引起了国内外重视。近年来,我国利用工业废渣铺筑路面基层取得了显著成效,不但提高了路面使用品质,而且降低了工程造价,"变废为宝",具有显著的经济效益。

公路上常用的工业废渣有火力发电厂的粉煤灰和煤渣、钢铁厂的高炉渣和钢渣、化肥厂的电石渣及煤矿的煤矸石等。粉煤灰是煤粉在燃烧过程中的残留物,悬浮于高温烟气中,通过集尘设备回收的粉尘污染物;煤渣是煤燃烧完全后留下的炉底灰,这两种废料中含有较多的二氧化硅、氧化钙和氧化铝等活性物质。用石灰稳定工业废渣时,石灰在水的作用下形成饱和的 $Ca(OH)_2$ 浴液,废渣的活性氧化硅和氧化铝在 $Ca(OH)_2$ 溶液中产生火山灰反应,生成水化硅酸钙和铝酸钙凝胶,把颗粒胶凝在一起,随水化物不断产生而结晶硬化,具有水硬性。

(1)材料要求

1)石灰和水泥

工业废渣基层所用的结合料是石灰和水泥。石灰的质量宜符合Ⅲ级以上技术指标(见表6.8)。

普通硅酸盐水泥、矿渣硅酸盐水泥或火山灰质硅酸盐水泥都可用于稳定土,但应选用终凝时间较长(宜6 h以上)的水泥。早强、快硬及受潮变质的水泥不应使用。宜采用强度等级较低的水泥,如32.5级或42.5级水泥。

2)废渣材料粉煤灰的技术要求

废渣材料粉煤灰的技术要求见表6.18。

表6.18　粉煤灰的技术要求

检测项目	技术要求	试验方法
SiO_2,Al_2O_3,Fe_2O_3 总含量/%	>70	T0816
烧失量/%	≤20	T0817
比表面积/$(cm^2 \cdot g^{-1})$	>2 500	T0820
0.3 mm 筛孔通过率/%	≥90	T0818
0.075 mm 筛孔通过率/%	≥70	T0818
湿粉煤灰含水率/%	≤35	T0801

3)粒料(砾料)

粗集料、细集料及分档要求见表6.10—表6.12。

石灰粉煤灰稳定级配碎(砾)石的推荐级配见表6.19,水泥粉煤灰稳定级配碎(砾)石的推荐级配见表6.20。

石灰粉煤灰稳定材料可采用表6.19中推荐的级配范围。用于高速公路和一级公路基层时,石灰粉煤灰总质量宜占15%,应不大于20%,被稳定材料公称最大粒径应不大于26.5 mm,级配宜符合表6.19中 LF-A-2L 和 LF-A-2S 的规定;用于高速公路和一级公路底基层时,各档被稳定材料总质量宜不小于80%,级配宜符合表6.19中 LF-A-1L 和 LF-A-1S 的规定,对极重、特重交通荷载等级,级配宜符合表6.19中 LF-A-2L 和 LF-A-2S 的规定。用于二级及二级以下公路基层时,被稳定材料的公称最大粒径应不大于31.5 mm,其总质量宜不小于80%,并符合表6.19中 LF-B-2L 和 LF-B-2S 的规定;用于二级及二级以下公路底基层时,各档被稳定材料总质量宜不小于70%,并符合表6.19中 LF-B-1L 和 LF-B-1S 的规定,对极重、特重交通荷载等级,可选择符合表6.19中 LF-B-2L 和 LF-B-2S 的规定。

表 6.19 石灰粉煤灰稳定级配碎(砾)石的推荐级配范围/%

筛孔尺寸 /mm	高速公路和一级公路				二级及二级以下公路			
	稳定碎石		稳定砾石		稳定碎石		稳定砾石	
	LF-A-1S	LF-A-2S	LF-A-1L	LF-A-2L	LF-B-1S	LF-B-2S	LF-B-1L	LF-B-2L
31.5	100	—	100	—	90~100	100	90~100	100
26.5	91~95	100	93~96	100	81~94	90~100	84~95	90~100
19	76~85	82~89	81~88	86~91	67~83	73~87	72~87	77~91
16	69~80	73~84	75~84	79~87	61~78	65~82	67~83	71~86
13.2	62~75	65~78	69~79	72~82	54~73	58~75	62~79	65~81
9.5	51~65	53~67	60~71	62~73	45~64	47~66	54~72	55~74
4.75	35~45	35~45	45~55	45~55	30~50	30~50	40~60	40~60
2.36	22~31	22~31	27~39	27~39	19~36	19~36	24~44	24~44
1.18	13~22	13~22	16~28	16~28	12~26	12~26	15~33	15~33
0.6	8~15	8~15	10~20	10~20	8~19	8~19	9~28	9~25
0.3	5~10	5~10	6~14	6~14	—	—	—	—
0.15	3~7	3~7	3~10	—	—	—	—	—
0.075	2~5	2~5	2~7	2~7	2~7	2~7	2~10	2~10

水泥粉煤灰稳定材料可采用表 6.20 中推荐的级配范围。用于高速公路和一级公路基层时,水泥粉煤灰总质量宜为 12%,应不大于 18%,各档被稳定材料总质量宜不小于 85%,其公称最大粒径应不大于 26.5 mm,级配宜符合表 6.20 中 CF-A-2L 和 CF-A-2S 的规定;用于高速公路和一级公路底基层时,各档被稳定材料总质量宜不小于 80%,级配宜符合表 6.20 中 CF-A-1L 和 CF-A-1S 的规定。对极重、特重交通荷载等级,级配宜符合表 6.20 中 CF-A-2L 和 CF-A-2S 的规定。用于二级及二级以下公路基层时,被稳定材料的公称最大粒径应不大于 31.5 mm,其总质量宜不小于 80%,级配宜符合表 6.20 中 CF-B-2L 和 CF-B-2S 的规定;用于二级及二级以下公路底基层时,各档被稳定材料总质量宜不小于 75%,级配宜符合表 6.20 中 CF-B-1L 和 CF-B-1S 的规定,对极重和特重交通荷载等级,级配宜符合表 6.20 中 CF-B-2L 和 CF-B-2S 的规定。

表 6.20 水泥粉煤灰稳定级配碎(砾)石的推荐级配范围/%

筛孔尺寸 /mm	高速公路和一级公路				二级及二级以下公路			
	稳定碎石		稳定砾石		稳定碎石		稳定砾石	
	CF-A-1S	CF-A-2S	CF-A-1L	CF-A-2L	CF-B-1S	CF-B-2S	CF-B-1L	CF-B-2L
37.5	—	—	—	—	100	—	100	—
31.5	100	—	100	—	90~100	100	90~100	100
26.5	90~95	100	91~95	100	80~93	90~100	81~94	90~100

续表

筛孔尺寸 /mm	高速公路和一级公路				二级及二级以下公路			
	稳定碎石		稳定砾石		稳定碎石		稳定砾石	
	CF-A-1S	CF-A-2S	CF-A-1L	CF-A-2L	CF-B-1S	CF-B-2S	CF-B-1L	CF-B-2L
19	72～84	79～88	76～85	82～89	64～81	70～86	67～83	73～87
16	65～79	70～82	69～80	73～84	57～75	62～79	61～78	32～65
13.2	57～72	61～76	62～75	65～78	50～69	54～72	54～73	58～75
9.5	47～65	49～64	51～65	53～67	40～60	42～62	45～64	47～66
4.75	30～40	30～40	35～45	35～45	25～45	25～45	30～50	30～50
2.36	19～28	19～28	22～33	22～33	16～31	16～31	19～36	19～36
1.18	12～20	12～20	13～24	13～24	11～22	11～22	12～26	12～26
0.6	8～14	8～14	8～18	8～18	7～15	7～15	8～19	8～19
0.3	5～10	5～10	5～13	5～13	—	—	—	—
0.15	3～7	3～7	3～10	3～10	—	—	—	—
0.075	2～5	2～5	2～7	2～7	2～5	2～5	2～7	2～7

（2）混合料组成设计

石灰工业废渣混合料的组成设计内容包括：根据表6.21和表6.22规定的7 d无侧限抗压强度标准，通过试验选取适宜于稳定的土，确定石灰（水泥）与粉煤灰或石灰（水泥）与煤渣的比例，确定石灰（水泥）粉煤灰或石灰（水泥）煤渣与土的比例（均为质量比），确定混合料的最佳含水率。具体见表6.23和表6.24。

表6.21　石灰粉煤灰稳定材料的7 d无侧限抗压强度与压实度标准

层位	稳定材料 类型	高速公路及一级公路				二级及二级以下公路			
		压实度 /%	抗压强度/MPa			压实度 /%	抗压强度/MPa		
			极重、特重	重	中、轻		极重、特重	重	中、轻
基层	集料	≥98	≥1.1	≥1.0	≥0.9	≥97	≥0.9	≥0.8	≥0.7
	细粒土	—	—	—	—	≥95			
底基层	集料	≥97	≥0.8	≥0.7	≥0.6	≥95	≥0.7	≥0.6	≥0.5
	细粒土	≥95				≥93			

表 6.22　水泥粉煤灰稳定材料的 7 d 无侧限抗压强度与压实度标准

层位	稳定材料类型	高速公路及一级公路				二级及二级以下公路			
		压实度/%	抗压强度/MPa			压实度%	抗压强度/MPa		
			极重、特重	重	中、轻		极重、特重	重	中、轻
基层	集料	≥98	4.0~5.0	3.5~4.5	3.0~4.0	≥97	3.5~4.5	3.0~4.0	2.5~3.5
	细粒土	—	—	—	—	≥95			
底基层	集料	≥97	2.5~3.5	2.0~3.0	1.5~2.5	≥95	2.0~3.0	1.5~2.5	1.0~2.0
	细粒土	≥95				≥93			

表 6.23　石灰粉煤灰稳定材料和石灰煤渣稳定材料的推荐比例标准

材料类型	材料名称	使用层位	结合料间比例	结合料与被稳定材料间比例
石灰粉煤灰	硅铝粉煤灰的石灰粉煤灰类①	基层或底基层	石灰:粉煤灰 = 1:9~1:2	—
	石灰粉煤灰土	基层或底基层	石灰:粉煤灰 = 1:2~1:4②	石灰粉煤灰:细粒材料 = 30:70③~10:90
	石灰粉煤灰稳定级配碎(砾)石	基层	石灰:粉煤灰 = 1:2~1:4	石灰粉煤灰:被稳定材料 = 20:80~15:85④
石灰煤渣	石灰煤渣稳定材料	基层或底基层	石灰:煤渣 = 20:80~15:85	
	石灰煤渣土	基层或底基层	石灰:煤渣 = 1:1~1:4	石灰煤渣:细粒材料 = 1:1~1:4⑤
	石灰煤渣稳定材料	基层或底基层	石灰:煤渣:被稳定材料 = (7~9):(26~33):(67~58)	

注:①CaO 含量为 2%~6% 的硅铝粉煤灰。

②粉土以 1:2 为宜。

③采用此比例时,石灰与粉煤灰之比宜为 1:2~1:3。

④石灰粉煤灰与粒料之比为 15:85~20:80 时,在混合料中,粒料形成骨架,石灰粉煤灰起填充孔隙和胶结作用。这种混合料称为骨架密实式石灰粉煤灰粒料。

⑤混合料中石灰应不少于 10%,可通过试验选取强度较高的配合比。

表 6.24　水泥粉煤灰稳定材料和水泥煤渣稳定材料的推荐比例标准

材料类型	材料名称	使用层位	结合料间比例	结合料与被稳定材料间比例
石灰粉煤灰	硅铝粉煤灰的水泥粉煤灰类①	基层或底基层	水泥:粉煤灰 = 1:9~1:3	—
	水泥粉煤灰土	基层或底基层	水泥:粉煤灰 = 1:3~1:5	水泥粉煤灰:细粒材料 = 30:70②~10:90
	水泥粉煤灰稳定级配碎(砾)石	基层	水泥:粉煤灰 = 1:3~1:5	水泥粉煤灰:被稳定材料 = 20:80~15:85③

续表

材料类型	材料名称	使用层位	结合料间比例	结合料与被稳定材料间比例
水泥煤渣	水泥煤渣稳定材料	基层或底基层	水泥:煤渣 = 5:95 ~ 15:85	
	水泥煤渣土	基层或底基层	水泥:煤渣 = 1:2 ~ 1:5	水泥煤渣:细粒材料 = 1:2 ~ 1:5④
	水泥煤渣稳定	基层或底基层	水泥:煤渣:被稳定材料 = (3 ~ 5):(26 ~ 33):(71 ~ 62)	

注:①CaO 含量为 2% ~ 6% 的硅铝粉煤灰。

②采用此比例时,水泥与粉煤灰之比宜为 1:2 ~ 1:3。

③水泥粉煤灰与粒料之比为 15:85 ~ 20:80 时,在混合料中,粒料形成骨架,水泥粉煤灰起填充孔隙和胶结作用。

④混合料中水泥应不少于 4%,可通过试验选取强度较高的配合比。

混合料的设计方法和步骤可参照《公路路面基层施工技术细则》(JTG/T F20—2015)。

(3)石灰煤渣类基层

石灰煤渣(简称"二渣")基层是用石灰和煤渣按一定配合比,加水拌和、摊铺、碾压、养生而成型的基层。"二渣"中如掺入一定量的粗集料,称为"三渣";掺入一定量的土,称为石灰煤渣土。混合料的配合比应满足表 6.21 规定的强度标准。各地可根据当地气候、水文地质条件、公路等级及实践经验参照下面的配合比选用。

采用石灰煤渣作基层或底基层时,石灰与煤渣的比可用 20:80 ~ 15:85。采用石灰煤渣土作基层或底基层时(土为细粒土),石灰与煤渣的比可用 1:1 ~ 1:4,但混合料中石灰含量应不小于 10%,石灰煤渣与土的比可用 1:1 ~ 1:4。

采用石灰煤渣粒料作基层或底基层时,石灰:煤渣:粒料可以是(7 ~ 9):(26 ~ 33):(58 ~ 67)。

为了提高石灰煤渣和石灰煤渣土的早期强度,可外加 1% 的水泥。

石灰煤渣、石灰煤渣土和"三渣"皆具有水硬性,物理力学性质基本上与石灰土相似,但其强度与水稳定性都比石灰土好。石灰煤渣的 28 d 强度可达 1.5 ~ 3.0 MPa,并随龄期增长而增长。初期强度增长慢,尚有一定的塑性,但达到一定龄期后,处于弹性工作状态,呈板体,具有刚性,当冷缩和干缩时,易产生裂缝。研究表明,当采用石灰煤渣粒料时,抗缩裂能力有所改善。

施工程序和方法基本上与石灰土基层相同,但要加强养生,重视提高初期强度,防止重交通量下出现早期破坏现象。

由于石灰煤渣的耐水和潮湿性很差,因此,在有条件的地区尽量采用石灰 + 粉煤灰 + 煤渣。

(4)石灰粉煤灰类基层

石灰粉煤灰(简称二灰)基层是用石灰和粉煤灰按一定配合比,加水拌和、摊铺、碾压及养生而成型的基层。在二灰中掺入一定量的土,经加水拌和、摊铺、碾压及养生成型的基层,称为二灰土基层。混合料的配合比组成,各地可根据当地的实践经验,参照下面的配合比选用。

采用石灰粉煤灰土作基层或底基层时,石灰与粉煤灰的比常用 1:2 ~ 1:4(对粉土,以 1:2

为合适),石灰粉煤灰与细粒土的比为30:70。

采用石灰粉煤灰与级配的中粒土和粗粒土时,石灰与粉煤灰的比为1:2～1:4,石灰粉煤灰与粒料的比常采用20:80～15:85。

为了防止裂缝,采用石灰与粉煤灰的配比为1:3～1:4,集料含量为80%～85%为最佳,既可抗干缩,又可抗温缩。不少地区在修筑高级或次高级路面时选用这种基层和底基层,既减少因基层反射裂缝而引起的面层开裂问题,还减轻沥青路面的车辙。

石灰粉煤灰类的基层施工与石灰稳定土基层的施工相同。施工时,应尽量安排在温暖和高温的季节,以利于形成早期强度而成型。

6.3　沥青稳定碎石基层

6.3.1　沥青结合料类基层的类型

沥青结合料类混合料是指由沥青、粗细集料和矿粉,按一定配合比设计方法进行材料组成设计的混合料。将其拌和、摊铺、碾压成型,在路面结构中作基层使用的,称为沥青结合料类基层。

按照其设计空隙率和用途不同,沥青结合料类混合料可分为:

①密级配沥青稳定碎石(Asphalt Treated Base,ATB,设计空隙率3%～6%,用作基层)。

②半开式沥青稳定碎石(Asphalt Macadam,AM,设计空隙率6%～12%,用作低等级公路面层)。

③开级配沥青稳定碎石(用于路面排水设计空隙率18%～22%,包括 Asphalt Treated Permeable Base,ATPB,用于基层排水)。

作基层使用时,因其设计空隙率大,物理力学性质和耐久性相对较差,开级配沥青稳定碎石 ATPB 在我国的工程应用尚不多,ATB 是沥青稳定碎石基层的主要材料形式。

6.3.2　沥青结合料类基层的力学特性

沥青结合料类基层的配合比设计与施工工艺与沥青混凝土基本相同,在材料物理力学性质上也非常相似,但因用作基层,其公称最大粒径比一般的沥青混凝土更大一些。常用的结合料类基层类型有 ATB-25,ATB-30,ATB-40,分属粗粒式和特粗式沥青混合料。公称最大粒径较大时,施工难度加大,因此,应用中以密级配沥青稳定碎石 ATB-25 和 ATB-30 最为常见。

与沥青混凝土相比,其主要功能上的区别如下:

①因公称最大粒径较大,具有更好的抗剪和抗变形能力,特别适用于高温重载有抗车辙性能要求的路面。

②一般使用非改性沥青,且沥青用量稍低,抗拉强度和抗拉疲劳性能较差。

③铺筑在半刚性基层上时,对可能出现的反射裂缝的适应和调整能力更好。

密级配沥青碎石属于柔性基层的一种,其物理力学性能要优于级配碎石。其与级配碎石的主要区别如下:

①材料组成不同,增加了沥青,与沥青面层联结整体性好。

②强度构成不同,除嵌挤形成的内摩擦角外,还有沥青提供的黏结力,模量较高。

③力学性能不同,除具有更好的抗压抗剪能力外,还具有一定抗拉能力。

④排水性能不同,因空隙率小,排水效率低于级配碎石。

6.3.3 材料组成设计

密级配沥青稳定碎石的级配范围要求见表 6.25。

表 6.25 ATB 矿料级配范围要求

级配类型		\multicolumn{13}{c}{通过下列筛孔(mm)的质量百分率/%}
		53	37.5	31.5	26.5	19	16	13.2	9.5	4.75	2.36	1.18	0.6	0.3	0.15	0.075
特粗式	ATB-40	100	90~100	75~92	65~85	49~71	43~63	37~57	30~50	20~40	15~32	10~25	8~18	5~14	3~10	2~
	ATB-30		100	90~100	70~90	53~72	44~66	39~60	31~51	20~40	15~32	10~25	8~18	5~14	3~10	2~6
粗粒式	ATB-25			100	90~100	60~80	48~68	42~62	32~52	20~40	15~32	10~25	18~18	5~14	3~10	2~6

密级配沥青稳定碎石组成设计采用马歇尔设计方法。因其公称最大粒径更大,为消除试件的尺寸效应,对 ATB-30 和 ATB-40 级配需采用大型马歇尔试验方法。与常规马歇尔试验方法相比,大型马歇尔试验将击实锤重改为 10.2 kg,直径 149.4 mm,击实时落高 457 mm;试件尺寸和击实次数增加为 1.5 倍,见表 6.26。国外资料显示,大型马歇尔的稳定度为小型马歇尔的 1.5~2.25 倍,流值提高 1.5 倍,其他体积指标基本不变。

表 6.26 沥青稳定碎石混合料马歇尔试验配合比设计技术标准

试验指标	单位	\multicolumn{2}{c}{密级配基层(ATB)}	半开级配面层(AM)	排水式开级配磨耗层(OGFC)	排水式开级配基层(ATPB)
公称最大粒径	mm	26.5 mm	等于或大于31.5 mm	等于或小于26.5 mm	等于或小于26.5 mm	所有尺寸
马歇尔试件尺寸	mm	φ101.6mm×63.5 mm	φ152.4 mm×95.3 mm	φ101.6 mm×63.5mm	φ101.6 mm×63.5 mm	φ152.4 mm×95.3 mm
击实次数(双面)	次	75	112	50	50	75
空隙率	%	\multicolumn{2}{c}{3~6}	6~10	不小于 18	不小于 18
稳定度,不小于	kN	7.5	15	3.5	3.5	—
流值	mm	1.5~4	实测	—	—	
沥青饱和度	%	\multicolumn{2}{c}{55~70}	40~70		
密级配基层ATB 的矿料间隙率,不小于	%	\multicolumn{2}{c}{设计空隙率/%}	ATB~40	ATB~30	ATB~25
		\multicolumn{2}{c}{4}	11	11.5	12
		\multicolumn{2}{c}{5}	12	12.5	13
		\multicolumn{2}{c}{6}	13	13.5	14

注:在干旱地区,可将密级配沥青稳定碎石基层的空隙率适当放宽到 8%。

按照《公路沥青路面设计规范》(JTG D50—2017)规定,ATB 无须进行后续的动稳定度、低温弯曲试验、破坏应变、残留稳定度(浸水或冻融)及渗水系数试验。

密级配沥青稳定碎石的施工工艺与质量控制与沥青混凝土类似。

6.4 水泥混凝土基层

6.4.1 贫混凝土基层

(1)贫混凝土的组成材料与力学特性

贫混凝土是由粗、细集料与一定水泥和水拌和而成的一种混凝土。这种混凝土的水泥用量较普通混凝土低,有时也称经济混凝土。与水泥稳定碎石、二灰碎石等常用半刚性材料相比,具有较高的强度、刚度和整体性,抗冲刷、抗冻性以及抗疲劳性能良好,属于刚性基层材料。性质上,它与水泥混凝土路面接近,材料组成设计与施工主要参照水泥混凝土。

贫混凝土组成设计中,常采用粉煤灰超量取代法以减少水泥用量,并提高混合料的工作性。该方法是指通过超量取代水泥使粉煤灰混凝土与基准混凝土在相同龄期时获得同等强度的掺配方法。粉煤灰超量取代系数是粉煤灰掺入量与其所取代水泥量的比值。

贫混凝土基层可采用多种方法施工,包括滑模摊铺机摊铺、轨道摊铺机摊铺、三辊轴设备摊铺及小型设备摊铺。在配合比恰当时,也可采用碾压方式,作基层时称为碾压贫混凝土基层。其 7 d 无侧限抗压强度在 5.0 ~ 10.0 MPa,28 d 弯拉强度为 1.5 ~ 3.0 MPa,根据需要调整配合比可用于不同交通等级的公路路面基层。从无侧限抗压强度看,其强度刚好衔接水泥稳定(二灰)碎石等半刚性基层材料,应用上可承担比以上半刚性基层更繁重的交通荷载。

因为贫混凝土采用的结合料是水泥,其材料组成类型与水泥稳定(二灰)碎石相比,没有质的变化,只是水泥用量有所增加,从水稳碎石的3% ~6% 增加到8% ~12% 。可看成处于水泥稳定(二灰)碎石和水泥混凝土(水泥剂量 12% ~15%)之间的一种材料,其性质也处于这两者之间。其力学特性中最重要的就是收缩特性,且因为其水泥用量介于水稳碎石和水泥混凝土之间,其开裂趋势也处于两者之间。

在沥青路面上应用贫混凝土基层时,其交通等级宜为重交通、特重交通,或者是运输煤、矿石、建筑材料的公路路面,其厚度一般为 200 ~ 280 mm,最小厚度为 150 mm。基层应设置纵缝、横缝,并灌入填缝料。必要时,在缝顶一定宽度范围内粘贴土工织物、玻纤格栅等材料局部加强,其上设置热沥青或改性沥青、改性乳化沥青黏结层。

在自然胀缩情况下,设置的裂缝宽度随气温反复变化,对其上沥青面层的考验严峻,应从材料方面入手,提高沥青面层材料的抗剪和抗疲劳性能。必要时,可考虑将贫混凝土刚性基层下置为底基层,在其上设置大粒径沥青碎石基层,替代一定厚度的沥青混凝土层,以适应和吸收胀缩变形,且与沥青混凝土面层衔接良好。采用这种结构组合时,因贫混凝土刚度远大于沥青层刚度,贫混凝土层上的沥青层(沥青面层和沥青碎石基层)主要起功能性作用,结构能力大部分由贫混凝土层提供。在贫混凝土层与沥青层的交界面上,因材料刚度的突变,在水平向荷载作用力下,此界面易产生较大的剪应力(0.3 ~ 0.5 MPa),从而使贫混凝土层与沥青层剥离。因此,界面黏结层材料的选择至关重要。

(2)贫混凝土配合比设计

基层贫混凝土配合比设计应符合下列 3 项技术要求：

①强度。基层贫混凝土设计强度应符合表 6.27 的规定。

表 6.27 贫混凝土基层的设计强度标准值/MPa

交通等级	特重	重	中等
7 d 施工质检抗压强度 f_{cn7}	10.0	7.0	5.0
28 d 设计抗压强度标准值 $f_{cu,k}$	15.0	10.0	7.0
28 d 设计弯拉强度标准值 $f_{c,k}$	3.0	2.0	1.5

②工作性。贫混凝土的坍落度应满足 JTG/T F30—2014 的要求。基层贫混凝土中应掺粉煤灰,粉煤灰的超量取代系数的取值：Ⅰ级灰 1.4~1.8;Ⅱ级灰 1.6~2.0,Ⅲ级灰 1.8~2.20。

③耐久性：

a.满足耐久性要求的贫混凝土最大水灰(胶)比宜符合表 6.28 的规定。

表 6.28 满足耐久性要求的贫混凝土最大水灰(胶)比

交通等级	特重	重	中等
最大水灰(胶)比	0.65	0.68	0.70
有抗冻要求的最大水灰(胶)比	0.60	0.63	0.65

b.在基层受冻地区,贫混凝土中应掺引气剂,并控制贫混凝土含气量为 4% +1%。当水灰(胶)比不能满足抗冻耐久性要求时,宜使用引气减水剂。当高温摊铺坍落度损失较大时,可使用引气缓凝减水剂。

贫混凝土配合比可按以下步骤进行计算：

①配制 28 d 抗压强度 $f_{cu,o}$ 可计算为

$$f_{cu,o} = f_{cu,k} + t_1 s_1 \qquad (6.5)$$

式中 $f_{cu,o}$——贫混凝土配制 28 d 抗压强度,MPa;

$f_{cu,k}$——混凝土 28 d 设计抗压强度标准值,MPa,按表 6.27 取值;

t_1——抗压强度保证率系数,高速公路应取 1.645;一级公路应取 1.28;二级公路应取 1.04;

s_1——抗压强度标准差,MPa,宜按不小于 6 组统计资料取值;无统计资料或试件组数小于 6 组时,可取 1.50。

②水灰比应按式(6.6)计算,并取计算值与表 6.28 规定值两者中的小值,即

$$\frac{W}{C} = \frac{A f_{cc}}{f_{cu,o} + AB f_{cc}} \qquad (6.6)$$

式中 f_{cc}——水泥实测 28 d 抗压强度,MPa;无实测值时,也可按式(6.7)计算;

B——回归系数,碎石及碎卵石:$A = 0.46, B = 0.07$;卵石:$A = 0.48, B = 0.330$,则

$$f_{cc} = \gamma f_{cek} \qquad (6.7)$$

式中 f_{cek}——水泥抗压强度等级,MPa;

γ——水泥抗压强度富余系数,应按统计资料取值;无统计资料时可在 1.08 ~ 1.13 取值。

③贫混凝土单位水泥用量可计算为

$$C_p = 0.5\xi C_o \tag{6.8}$$

式中　C_p——贫混凝土的单位水泥用量,kg/m³;

　　　ξ——工作性及平整度放大系数,可取 1.1 ~ 1.3;

　　　C_o——路面混凝土单位水泥用量,kg/m³。

④掺用粉煤灰时,单位胶材总量可计算为

$$J_z = 0.5C_o(1 + F_p k) \tag{6.9}$$

式中　J_z——单位胶材总量,kg/m³;

　　　F_p——代替水泥的粉煤灰掺量,可取 0.15 ~ 0.30;

　　　F_p——粉煤灰超量取代系数。

⑤不掺粉煤灰贫混凝土的单位水泥用量宜控制在 160 ~ 230 kg/m³;在基层受冻地区最小单位水泥用量宜不低于 180 kg/m³。掺粉煤灰时,单位水泥用量宜在 130 ~ 175 k/m³;单位胶材总量宜在 220 ~ 270 kg/m³;基层受冻地区最小单位水泥用量宜不低于 150 kg/m³。

⑥根据水灰(胶)比和单位水泥(胶材)用量,计算单位用水量。

⑦砂率可按表 6.29 初选。

表 6.29　基层贫混凝土的砂率

砂细度模数		2.2 ~ 2.5	2.5 ~ 2.8	2.8 ~ 3.1	3.1 ~ 3.4	3.4 ~ 3.7
砂率 S_p/%	碎石混凝土	24 ~ 28	26 ~ 30	28 ~ 32	30 ~ 34	32 ~ 36
	卵石混凝土	22 ~ 26	24 ~ 28	26 ~ 31	28 ~ 32	30 ~ 34

注:碎卵石可在碎石和卵石混凝土之间内插取值。

⑧沙、石料用量可用密度法或体积法计算。在采用体积法计算时,应计入含气量。

由上述各经验公式推算得出的碾压混凝土和贫混凝土配合比,应在试验室内按下述步骤和《公路工程水泥及水泥混凝土试验规程》(JTG E30—2005)规定方法进行试配检验和调整:

①首先检验各种混凝土拌和物是否满足不同摊铺方式的最佳工作性要求。检验项目包括含气量、坍落度及其损失、振动黏度系数、改进 VC 值(VC 值代表维勃稠度)、外加剂品种及其最佳掺量。

在工作性能和含气量不满足相应摊铺方式要求时,可在保持水灰(胶)比不变的前提下调整单位用水量、外加剂掺量或砂率,不得减小满足计算弯拉强度及耐久性要求的单位水泥用量。

②对采用密度法计算的配合比,应实测拌和物视密度,并应按视密度调整配合比。调整时,水灰比不得增大,单位水泥用量不得减小,调整后的拌和物视密度允许偏差为 ±2.0%。实测拌和物含气量 a(%) 及其偏差应满足规定。不满足要求时,应调整引气剂掺量直至达到规定含气量。

③以初选水灰(胶)比为中心,按 0.02 增减幅度选定 2 ~ 4 个水灰(胶)比制作试件,检验各种混凝土 7 d 和 28 d 配制弯拉强度、抗压强度和耐久性等指标(有抗冻性要求的地区,抗冻性为必测项目,耐磨性及干缩为选测项目)。也可保持计算水灰(胶)比不变,以初选单位水泥

用量为中心,按 15 ~ 20 kg/m³ 增减幅度选定 2 ~ 4 个单位水泥用量。

④施工单位通过上述各项指标检验提出的配合比,在经监理或建设方中心试验室验证合格后,方可确定为试验室基准配合比。

试验室的基准配合比应通过搅拌楼实际拌和检验和摊铺不小于 200 m 试验路段来验证,并应根据料场砂石料含水率、拌和物实测视密度、含气量、坍落度及其损失,调整单位用水量、砂率或外加剂掺量。调整时,水灰(胶)比、单位水泥用量不得减小。考虑施工中原材料含泥量、泥块含量、含水率变化及施工变异性等因素,单位水泥用量应适当增加 5 ~ 10 kg。满足试拌试铺的工作性、28 d(至少 7 d)配制弯拉强度、抗压强度和耐久性等要求的配合比,经监理或建设方批准后,方可确定为施工配合比。

施工期间配合比的微调与控制应符合下列要求:

①根据施工季节、气温和运距等的变化,可微调缓凝(高效)减水剂、引气剂或保塑剂的掺量,保持摊铺现场的坍落度始终适宜于铺筑,且波动最小。

②降雨后,应根据每天不同时间的气温及砂石料实际含水率变化,微调加水量,同时微调砂石料称量,其他配合比参数不得变更,维持施工配合比基本不变。雨天或砂石料变化时,应加强控制,保持现场拌和物工作性始终适宜摊铺和稳定。

6.4.2 碾压混凝土基层

(1)碾压混凝土的组成材料与力学特性

碾压混凝土是指采用特干硬性水泥混凝土拌和物,使用沥青摊铺机摊铺、压路机械碾压密实成型的混凝土材料。其压实度是指干硬性混凝土拌和物现场压实后的湿密度与配合比设计时标准压实(空隙率为 4%)下湿密度之比。碾压混凝土也采用粉煤灰超量取代法。

碾压混凝土严格意义上表述的不是其材料组成特征,而是其施工成型工艺特征。其材料组成设计的核心除强度因素外,还必须保证其属于干硬性混凝土,适合碾压成型。碾压成型方式迅速而有效率,从加快施工进度、节省施工成本方面来看效益显著。

从材料性能上看,作为基层的碾压混凝土水泥用量与贫混凝土基本一致,因此,可看成一种特殊的贫混凝土。其物理力学性能与贫混凝土基层类似。

因其干硬性和碾压施工方式,碾压混凝土混合料中水的用量较少,这对减少混凝土成型期的干缩影响显著,同时采用振动压实工艺,其集料能相互接触并形成矿料骨架,抗压能力佳,其收缩性要好于一般的贫混凝土基层,但在施工上切缝、填缝仍是必需的。与贫混凝土基层类似,在填缝后可以考虑在裂缝处粘贴土工织物、玻纤格栅等材料,或考虑大粒径沥青碎石过渡层,以减缓其胀缩对沥青面层材料的牵连。

碾压混凝土可直接用作路面面层,这时其水泥用量等指标应适当增加。

(2)碾压混凝土配合比设计

碾压混凝土的配合比设计在兼顾经济性的同时,应满足下列 3 项技术要求:

1)弯拉强度

碾压混凝土配制 28 d 弯拉强度均值 f_{cc} 可计算为

$$f_{cc} = \frac{f_r + f_{cy}}{1 - 1.04C_v} + ts \qquad (6.10)$$

式中 f_{cc}——碾压混凝土配制 28 d 弯拉强度均值,MPa;

f_{cy}——碾压混凝土压实安全弯拉强度,可计算为

$$f_{cy} = \frac{\alpha}{2}(y_{c1} + y_{c2}) \qquad (6.11)$$

式中 y_{c1}——弯拉强度试件标准压实度(95%);

y_{c2}——路面芯样压实度下限值(由芯样压实度统计得出);

α——相应于压实度变化 1070 的弯拉强度波动值(通过试验得出)。

2)工作性

碾压混凝土出搅拌机口的改进 VC 值宜为 5~10 s;碾压时的改进 VC 值宜控制在 30±5 s。试验中的试样表面出浆评分应为 4~5 分。

3)耐久性

处于严寒和寒冷地区的碾压混凝土面层或基层,应掺引气剂。其含气量宜符合表 6.30 的规定。

表 6.30 路面混凝土含气量及允许偏差/%

最大公称粒径/mm	无抗冻性要求	有抗冻性要求	有抗盐冻要求
19.0	4.0+1.0	5.0±0.5	6.0±0.5
26.5	3.5±1.0	4.5±0.5	5.5±0.5
31.5	3.5±1.0	4.0±0.5	5.0±0.5

面层碾压混凝土满足耐久性要求的最大水灰(胶)比和最小单位水泥用量应符合表 6.31 的规定。

表 6.31 碾压混凝土最大水灰(胶)比和最小单位水泥用量

公路等级		高速公路下面层、二级公路面层	一级公路下面层、三级、四级公路面层
最大水灰(胶)比		0.40	0.42
抗冰冻要求最大水灰(胶)比		0.38	0.40
抗盐冻要求最大水灰(胶)比		0.36	0.38
最小单位水泥用量/(kg·m⁻³)	42.5	290	280
	32.5 级	305	300
抗冰(盐)冻要求最小单位水泥用量/(kg·m⁻³)	42.5 级	315	310
	32.5 级	325	320
掺粉煤灰时最小单位水泥用量/(kg·m⁻³)	42.5 级	255	250
	32.5 级	265	260
抗冰(盐)冻掺粉煤灰最小单位水泥用量(42.5 级水泥)/(kg·m⁻³)		260	265

面层碾压混凝土粗、细集料合成级配宜符合表 6.32 的要求,基层应符合《公路水泥混凝土面施工技术细则》(JTG/T F30—2014)碾压混凝土的级配规定。

表 6.32　面层碾压混凝土粗细集料合成级配范围

筛孔尺寸/mm	19.0	9.50	4.75	2.36	1.18	0.60	0.30	0.15
通过百分率/%	90～100	50～70	35～47	25～38	18～30	10～23	5～15	3～10

碾压混凝土中所掺粉煤灰要求为Ⅲ级以上。代替水泥的粉煤灰掺量应按超量取代法进行。粉煤灰掺量应根据水泥中原有的掺和料数量和混凝土弯拉强度、耐磨性等要求由试验确定。

碾压混凝土中外加剂的使用要求,除满足初凝时间不早于3 h,终凝时间不迟于10 h的规定外,需要加入引气剂、减水剂等外加剂的,应预先通过碾压混凝土性能试验优选品种和掺量,确认满足各项性能要求后方可使用。

重要工程碾压混凝土的配合比确定应使用正交试验法,一般工程可采用简捷法。

①正交试验法。不掺粉煤灰的碾压混凝土正交试验,可选用水量、水泥用量和粗集料填充体积率3个因素;掺粉煤灰的碾压混凝土,可选用水量、基准胶材总量、粉煤灰掺量、粗集料填充体积率4个因素。每个因素选定3个水平,选用$L_9(3^4)$正交表安排试验方案。

对正交试验结果进行直观及回归分析,回归分析的考察指标:VC值及抗离析性、弯拉强度或抗压强度、抗冻性或耐磨性。根据直观分析结果并依据所建立的单位用水量及弯拉强度推定经验公式,综合考虑拌和物工作性,确定满足28 d弯拉强度或抗压强度、抗冻性或耐磨性等设计要求的正交初步配合比。

②简捷法:

A. 不掺粉煤灰的碾压混凝土配合比计算宜按以下步骤进行:

a. 计算单位用水量为

$$W_{oc} = 137.7 - 20.55 \lg VC \tag{6.12}$$

式中　W_{oc}——碾压混凝土的单位用水量,kg/m^3;

VC——碾压混凝土拌和物改进维勃稠度VC值,s。

b. 计算灰水比,并取计算值与表6.31中规定值两者中的小值,即

$$\frac{C}{W} = \frac{f_{oc}}{0.2156f_s} - 0.798 \tag{6.13}$$

c. 计算单位水泥用量,并取计算值与表6.31规定值两者中的大值,即

$$C_{oc} = W_{oc} \frac{C}{W} \tag{6.14}$$

式中　C_{oc}——碾压混凝土单位水泥用量,kg/m^3。

d. 按表6.33选定配合比中粗集料填充体积率。

表 6.33　粗集料填充体积率表

砂细度模数 M_x	2.40	2.60	2.80	3.00
粗集料填充体积率 V_g/%	75	73	71	69

e. 计算粗集料用量为

$$G_{oc} = \gamma_{cc} \frac{V_g}{100} \tag{6.15}$$

式中　G_{oc}——碾压混凝土粗集料单位体积用量,kg/m³;

　　　γ_{cc}——碾压混凝土单位质量,kg/m³;

　　　V_g——粗集料填充体积率,%。

f. 根据 G_{oc},C_{oc},W_{oc} 及相应原材料密度,按体积法计算用砂量 S_{oc}。计算时,应计入设计含气量。

g. 计算单位外加剂用量为

$$Y_{oc} = \gamma G_{oc} \tag{6.16}$$

式中　Y_{oc}——碾压混凝土中单位外加剂用量,kg/m³;

　　　γ——碾压混凝土中外加剂掺量。

B. 掺粉煤灰的碾压混凝土配合比计算宜按以下步骤进行:

a. 按表 6.32 选定粗集料填充体积率 V_g,由式(6.15)计算单位体积粗集料用量 G_{oc}。

b. 初选粉煤灰超量取代系数,并按正交试验分析结果选定代替水泥的粉煤灰掺量。

c. 计算单位用水量为

$$W_{ofc} = 135.5 - 21.11gVC + 0.32F_c \tag{6.17}$$

式中　W_{ofc}——掺粉煤灰的碾压混凝土单位用水量,kg/m³;

　　　F_c——代替水泥的粉煤灰掺量,%。

d. 计算基准胶材总量为

$$J = 200(f_{cc} - 7.22 + 0.025F_c + 0.023V_g) \tag{6.18}$$

式中　J——碾压混凝土中单位体积基准胶材总量,kg/m³。

e. 计算单位水泥用量,并应取计算值与表 6.31 规定值两者中的较大值,即

$$C_{ofc} = J\left(1 - \frac{F_c}{100}\right) \tag{6.19}$$

f. 计算单位粉煤灰总用量为

$$F_{cc} = C_{ofc}F_ck \tag{6.20}$$

式中　C_{ofc}——掺粉煤灰的碾压混凝土单位水泥用量,kg/m³;

　　　F_{cc}——单位粉煤灰总用量,kg/m³;

　　　k——粉煤灰超量取代系数。

g. 计算总水胶比,应取计算值与表 6.31 规定值两者中的较小值,即

$$J_z = \frac{W_{ofc}}{C_{ofc} + F_{oc}} \tag{6.21}$$

式中　J_z——碾压混凝土中总水胶比。

h. 根据 G_{oc},C_{ofc},F_{cc},W_{ofc} 及相应原材料密度,按体积法计算单位用砂量 S_{oc}。计算时,应计入设计含气量。

i. 计算单位外加剂用量为

$$Y_{ofc} = y_f(C_{ofc} + F_{cc}) \tag{6.22}$$

式中　Y_{ofc}——掺粉煤灰的碾压混凝土单位外加剂用量,kg/m³;

　　　y_f——掺粉煤灰的碾压混凝土外加剂掺量,%。

6.5 其他类型基层

以水泥稳定(二灰)碎石为代表的半刚性基层刚度大,在我国20世纪80年代开始的公路建设高速发展期得以大范围推广应用,对推动我国公路逢设事业的发展功绩卓著。但半刚性基层材料的干缩和温缩问题始终困扰着公路工程技术人员。典型的半刚性基层上加铺薄层沥青混凝土的路面结构,在使用2～3年后,沥青路面表面易出现规律性的横缝(典型间距5～25 m)。检测发现,这些裂缝贯穿沥青面层和半刚性基层,其原因是半刚性基层开裂且继续向沥青层发展,称为"反射裂缝"。

为缓解以上病害,公路工程技术人员进行了长期的研究,早期主要进行配合比方面的调整,其技术途径主要是:

①增大粗集料用量,采用振动成型及相应的压实控制,以利于形成骨架。

②减少细集料用量,以控制体积膨胀,设计骨架密实且偏向于骨架空隙的材料组成结构,减少对粗集料骨架的干扰。

③减少水的用量,添加粉煤灰改善施工和易性,减少干缩。

上述技术措施的应用对"反射裂缝"的控制效果明显,横缝间距明显增大,裂缝数量减少,但问题仍未彻底解决。同时,国内不少路面在大修改造中面临旧路材料利用问题。在研究与应用中,除前文介绍的基层材料外,还发展出了其他一些基层材料,但目前其研究与应用尚需进一步完善。

6.5.1 低剂量水泥稳定碎石

对比级配碎石和水泥稳定碎石的材料组成可发现,其主要区别在于水泥结合料的应用。级配碎石由粗细集料按一定级配组成,强度主要来源于内摩擦角。因其材料以颗粒紧密嵌挤方式铺筑,不能承受拉应力,收缩变形被离散到颗粒级别,故通过颗粒间相对位置的微调被吸收,不会产生裂缝。

水泥的加入使碎石结合在一起,具有板体性,受相邻层次的约束,其收缩变形无法被有效释放,从而使板体具有内部拉应力,该应力超过相应的抗拉强度就会产生收缩裂缝。在裂缝处,收缩变形得以集中实现,内部拉应力被释放。

从以上收缩变形的作用方式对比发现,解决收缩裂缝的主要途径是将集中的变形离散化。当这种离散通过降低水泥用量的方式来实现时,产生了低剂量水泥稳定碎石。

普通水泥稳定碎石的常用剂量范围在3%～6%,低剂量水泥稳定碎石将其降低到1%～3%,材料性质产生以下变化:

①7 d无侧限抗压强度减小,抗拉强度与抗疲劳性能下降,刚度减小。

②收缩系数减小。

低剂量水泥稳定碎石减少水泥用量后,力学性能产生了显著变化,承载能力有所下降。研究与应用中,大多将其用于低交通量路面的基层或一般路面的底基层。

6.5.2　水泥乳化沥青综合稳定碎石基层

在水泥稳定碎石变形释放的过程中,如果材料的刚度越大,则在板体内产生的内部拉应力越大,材料越容易拉裂。因此,减少收缩裂缝的另一个途径就是降低其刚度。在水泥稳定碎石中加入少量的乳化沥青进行综合稳定,就是一种降低刚度的技术途径。

乳化沥青的加入,使水泥稳定碎石的性质发生了以下改变:

①慢裂型乳化沥青缓慢破乳,释放的水分供给水泥发生水化反应,延缓了干缩过程,减小了收缩应力。

②材料内部的结合方式发生了变化,从依赖水化产物的胶凝作用,到胶凝与沥青黏结共同作用,沥青一定程度上干扰了水化和胶凝作用的充分发挥,降低了材料刚度。

③水泥结合料用量虽有降低,但仍提供了早期强度,因沥青结合料具有蠕变、松弛特性,加之水泥、沥青的综合作用,物理力学性能下降不多。

在半刚性基层材料中掺入沥青类结合料,使其刚度处于半刚性基层和柔性基层之间,希望其同时具有半刚性基层和柔性基层的优点,有研究者将其称为"半柔性基层材料"。但因易与"半刚性材料"概念相混淆,未被广泛接受。这种基层材料在应用中最大的缺点是其经济性较差。

6.5.3　再生材料基层

(1)冷再生基层类型

路面再生材料包括水泥混凝土旧板破碎利用及就地原位碎石化利用,沥青路面厂拌热再生利用和沥青路面厂拌,以及就地冷再生利用。

水泥混凝土旧板破碎利用就是通过轧石设备将旧板加工或碎石化后再利用。就地原位碎石化就是通过多锤头设备或共振设备将旧混凝土板破碎原位再利用。

沥青路面厂拌热再生就是将铣刨旧料运至拌和厂,经破碎、筛分,然后以一定比例与新集料、新沥青、再生剂拌和形成热拌沥青混合料。

这里主要介绍厂拌冷再生和就地冷再生基层。

路面大修改造时,需对病害严重的旧沥青路面进行处治,其中一种技术手段就是冷再生技术。就地冷再生技术是指常温下将旧沥青路面以及部分基层材料经过现场破碎加工后,根据级配需要添加一定量的新集料,同时加入一定剂量的稳定剂和适量的水,在自然的环境温度下连续完成材料的铣刨、破碎、添加、拌和、摊铺及压实成型等作业步骤,重新形成结构层的一种工艺方法。运送至拌和厂加工形成的混合料,称为厂拌冷再生;就地添加新沥青或水泥形成的混合料,称为就地冷再生,如图 6.13 所示。

实施该技术后,旧沥青路面面层与一部分基层被铣刨、粉碎后(称为 RAP,Reclaimed Asphalt Pavement),加入新的集料和结合料,原位铺筑在路面上,成为新铺路面的基层。冷再生工程中最常用的稳定剂主要为水泥、乳化沥青(或泡沫沥青)。这种材料与水泥乳化沥青综合稳定碎石基层在材料组成和物理力学性能上具有一定相似性。

泡沫沥青使用我国公路工程常用普通沥青(如 70 号、90 号),热沥青罐车与再生机相连,沥青通过泵输送至特殊的喷嘴,并在此发泡后喷射入铣刨和拌和腔,与 RAP 料及新添加的材料拌和、摊铺和压实后形成再生基层。

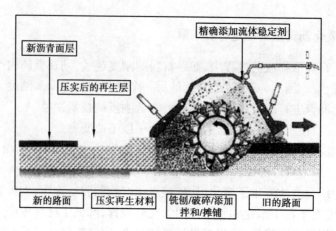

图 6.13　就地冷再生过程

下面根据文献简要介绍其配合比设计及施工要求。

（2）级配设计

1）乳化沥青冷再生配合比设计

乳化沥青冷再生配合比设计程序主要步骤如下：

①配合比设计包括原材料分析、配合比设计和设计配合比检验。

②采用随机取样的方法，低温烘干 RAP 确定含水率。

③抽提回收 RAP 中的沥青，分析 RAP 的级配和沥青含量。

④土工击实试验确定再生料的最大干密度和最佳含水率。

⑤乳化沥青设计用量的确定，根据最佳流体含量确定最佳乳化沥青用量。

⑥性能验证试验。

进行抗水损（浸水马歇尔、劈裂、冻融劈裂）、高温稳定性、抗压回弹模量、低温抗裂（小梁低温弯曲）、疲劳（小梁疲劳试验）、松散试验等性能试验，评价再生混合料的路用相关性能。

　　A. 乳化沥青冷再生混合料的级配选择

美国沥青协会 AI 推荐的冷再生混合料级配设计范围见表 6.34。级配设计要结合 RAP 的筛分结果和再生路面结构层的要求。

表 6.34　AI 冷再生混合料级配范围

粒径 /mm	混合料质量通过百分比/%						
	开级配			密级配			
	A	B	C	D	E	F	G
37.5	100			100			
26.5	95 ~ 100	100		80 ~ 100			
19.0		90 ~ 100					
13.2	25 ~ 60		100		100	100	100
9.5		20 ~ 55	85 ~ 100				
4.75	0.10	0 ~ 10		25.85	75 ~ 100	75 ~ 100	75 ~ 100
2.36	0 ~ 5	0 ~ 5					

续表

粒径 /mm	混合料质量通过百分比/%						
	开级配			密级配			
	A	B	C	D	E	F	G
1.18	0~5						
0.6							
0.3							
0.15							
0.075	0~2	0~2	0~2	3~15	0~12	5~12	12~20

B. 土工击实试验确定最佳流体含量

参照《公路工程无机结合料稳定材料试验规程》(JTG E51—2009)无机结合料稳定土的击实方法,确定最佳含水率和最大干密度。

将5个不同含水率的再生料进行土工击实试验,确定试件最大干密度,计算公式见式(6.23)。根据试件干密度-流体含量关系曲线,回归得出最大干密度及其相应的最佳流体含量 OFC(Optimal Fluids Content)作为后期试验控制外加水量的指标,即

$$D_{干密度} = \frac{100}{W_F + 100} \cdot \frac{4M_B}{\pi d^2 h} \cdot 1\,000 \tag{6.23}$$

式中 $D_{干密度}$——干密度,kg/m^3;

W_F——试件在压实过程中流体含量(质量百分比),%;

M_B——击实后试件质量,g;

h——试件高度,cm;

d——试件直径,cm。

C. 最佳流体含量确定乳化沥青设计用量

最佳流体含量是控制混合料中所有流体含量的指标。选取5个不同乳化沥青用量,通过最佳流体含量计算确定掺水量(见式(6.24)),拌制不同乳化沥青用量的再生混合料,进行马歇尔击实试件成型,根据劈裂试验确定最佳乳化沥青用量,即

$$W_{add} = OFC - W_F - 0.5B_E \tag{6.24}$$

式中 W_{add}——混合料中加入的水量(质量百分比),%;

OFC——最佳流体含量(质量百分比),%;

W_F——乳化沥青中的含水率(质量百分比),%;

B_E——乳化沥青残留沥青含量(质量百分比),%。

设计乳化沥青用量的步骤如下:在较低温度条件下吹干试验用的RAP,按上述5个不同的乳化沥青用量,称取1 150 g RAP,加入5%用量的矿粉,在保持OFC不变的情况下,加入根据式(6.24)确定的加水量,依次加入水泥、乳化沥青和矿粉,拌和均匀。

进行马歇尔试件成型,按照相应的试验标准(见表6.35)进行劈裂强度、劈裂强度比等试验。根据试验结果,综合选定最优乳化沥青用量作为乳化沥青设计用量,对应掺水量作为设计

掺水量。若试验结果不能满足相关技术标准要求,则应考虑掺加水泥或增加水泥掺量。

表6.35 乳化沥青冷再生混合料基层室内试验标准表

试验项目		试验标准
马歇尔试件空隙率		9% ~ 14%
劈裂强度试验	浸水 24 h 劈裂强度	>0.30 MPa
	浸水 24 h 与空气中养生试件的劈裂强度比	≥70.0%
冻融劈裂试验	冻融劈裂强度	>0.20 MPa
	冻融循环后与空气中养生试件的劈裂强度比	≥55.0%
马歇尔试验	马歇尔稳定度	≥5.6 kN
	残留稳定度	≥70.0%
高温稳定性试验	动稳定度	≥1 000 次/min
抗压回弹试验	抗压回弹模量	≥800 MPa
低温弯曲试验	破坏应变	≥1 500
松散试验	最大质量损失率	≤2.0%

D. 劈裂试验确定最佳乳化沥青用量

根据《公路工程沥青及沥青混合料试验规程》(JTG E20—2011)进行劈裂试验,在材料试验系统上进行干燥和浸水条件下的劈裂试验,获得劈裂强度 ITS(Indirect Tensile Strength)。

在试验过程中,试件的垂直变形速率恒为 50.8 mm/min,通过测量试件的最大破坏荷载以确定 ITS 值。规范试验温度为 15 ± 0.50 ℃,加载速率为 50 mm/min。

2)泡沫沥青再生混合料级配设计

①设计原则

根据泡沫沥青再生混合料的强度形成机理和材料组成特征,再生混合料初期强度较低,压实后空隙率较高,吸水率较大,水稳定性是泡沫沥青再生混合料的薄弱环节。此外,泡沫沥青再生料主要作为道路基层,需要具有一定的强度和承载能力。因此,泡沫沥青混合料的组成设计主要考虑其水稳定性和强度。

②级配选择

根据国外的研究,使用泡沫沥青稳定的材料应当具备一定的级配。美国安大略省规范只规定了几个关键筛孔的通过百分率,表6.36、表6.37 依次列出了国外相关文献中给出的适宜采用泡沫沥青稳定的级配范围。

表6.36 美国安大略泡沫沥青再生混合料级配要求

筛孔尺寸/mm		0.075	0.6	4.75	19
安大略规范级配范围	上限/%	15	30	60	100
	下限/%	7	15	30	60

表 6.37　国外几种泡沫沥青再生混合料级配要求

筛孔尺寸/mm		0.075	0.15	0.3	0.6	1.18	2.36	4.75
级配范围 1	上限/%	20	25	30	39	47	57	67
	下限/%	5	8	12	19	26	35	45
级配范围 2	上限/%	20	21	23	28	33	42	55
	下限/%	5	7	10	13	18	25	34
筛孔尺寸/mm		9.5	13.2	16	19	26.5	31.5	37.5
级配范围 1	上限/%	80	86	90	94	100	100	100
	下限/%	56	62	66	69	76	82	90
级配范围 2	上限/%	73	85	92	100	100	100	100
	下限/%	48	56	62	66	75	80	88

比较以上国外 3 个级配范围,虽然两表中的 3 个级配范围并不完全相同,但是三者相差并不大,基本代表了国外认为的适合泡沫沥青稳定的集料范围。一般认为,集料级配如果处于表中给出的范围内,则适合泡沫沥青进行稳定,且适合重交通道路;而比给定范围更细的集料适合修建泡沫沥青稳定的轻交通道路;如果级配曲线在此范围下方,则应加入细集料和矿粉调整级配到此范围之内。0.075 mm 筛孔通过率对泡沫沥青再生混合料性能有明显影响,一般建议控制在 5% ~20%。

③设计指标与要求

水稳定性能首要指标是试件的干湿劈裂强度比。采用劈裂强度指标的主要原因如下:劈裂强度是一个间接抗拉强度指标,与泡沫沥青再生基层层底受力状态对应;采用干湿劈裂强度比能反映泡沫沥青再生料的水稳定性;劈裂强度试件既可采用马歇尔试件,成型简单测试方便,也可采用路面芯样。因此,干湿劈裂强度可作为泡沫沥青再生混合料材料设计的关键设计指标。对干湿劈裂强度的标准,如今国际上只出台了一些地方性的规范要求,见表 6.38、表 6.39。

表 6.38　美国安大略省泡沫沥青混合料性能

性　能	最小要求值
干劈裂强度/MPa	0.30
湿劈裂强度/MPa	0.15
湿干劈裂强度比 TsR/%	50

表 6.39　泡沫沥青再生混合料技术要求

性　能	E0—E2 交通量	E3—E4 的交通量
试件空隙率/%	5 ~15	5 ~15
25 ℃湿劈裂强度	干劈裂强度的 60%	干劈裂强度的 70%

续表

性　能	E0—E2 交通量	E3—E4 的交通量
25 ℃最小干劈裂强度/kPa	100	200
25 ℃回弹模量/MPa	900	1 500

　　建议泡沫沥青混合料试件在浸湿状态的劈裂强度应不小于 100 kPa,而在干燥状态时,劈裂强度应不小于 200 kPa,也就是要求湿干劈裂强度比在 0.5 左右。

　　25 ℃的干劈裂强度如果能达到 0.4 MPa,且湿干劈裂强度比值为 70% 以上,则完全有把握判断该泡沫沥青再生混合料达到了较为优良的强度性能。

参考文献

［1］中华人民共和国交通运输部.公路水泥混凝土路面施工技术细则:JTG/T F30—2014［S］. 北京:人民交通出版社,2014.

［2］中华人民共和国交通运输部.公路工程抗震规范:JTG B02—2013［S］.北京:人民交通出版社,2013.

［3］黄晓明.路基路面工程［M］.4 版.北京:中国建筑工业出版社,2014.

［4］黄晓明,李昶,马涛,等.路基路面工程［M］.2 版.南京:东南大学出版社,2011.

［5］黄晓明,汪双杰.现代沥青路面结构分析理论与实践［M］.北京:科学出版社,2013.

［6］汪双杰,黄晓明.冻土地区道路设计理论与实践［M］.北京:科学出版社,2012.

［7］中华人民共和国交通运输部.公路环境保护设计规范:JTG B04—2010［S］.北京:人民交通出版社,2010.

［8］中华人民共和国交通运输部.多年冻土地区公路设计与施工技术细则:JTG/T D31-04—2012［S］.北京:人民交通出版社,2013.

［9］中华人民共和国交通运输部.公路软土地基路堤设计与施工技术细则:JTG/T D31-02—2013［S］.北京:人民交通出版社,2013.

［10］中华人民共和国交通运输部.公路工程沥青及沥青混合料试验规程:JTG E20—2011［S］.北京:人民交通出版社,2011.

［11］中华人民共和国交通运输部.公路工程施工监理规范:JTG G10—2016［S］.北京:人民交通出版社,2016.

［12］中华人民共和国交通运输部.公路土工合成材料应用技术规范:JTG/T D32—2012［S］.北京:人民交通出版社,2012.

［13］中华人民共和国交通运输部.公路路基设计规范:JTG D30—2015［S］.北京:人民交通出版社,2015.

［14］中华人民共和国交通运输部.公路沥青路面设计规范:JTG D50—2017［S］.北京:人民交通出版社,2017.

［15］中华人民共和国交通运输部.公路水泥混凝土路面设计规范:JTG D40—2011［S］.北京:人民交通出版社,2011.

［16］中华人民共和国交通运输部.公路路面基层施工技术细则:JTG/T F20—2015［S］.北京:

人民交通出版社,2015.

[17] 中华人民共和国交通运输部.公路排水设计规范:JTG/T D33—2012[S].北京:人民交通出版社,2013.

[18] 中华人民共和国交通运输部.公路工程地质勘察规范:JTG C20—2011[S].北京:人民交通出版社,2011.

[19] 中华人民共和国交通运输部.公路水泥混凝土路面设计规范:JTG D40—2011[S].北京:人民交通出版社,2011.